(

et transfert de

« FINANCE »
COLLECTION DIRIGÉE
PAR BERTRAND JACQUILLAT
ET MICHEL LEVASSEUR

Opérations financières et transfert de richesse

ISABELLE HACHETTE

Docteur en finance de l'Université Paris IX-Dauphine

PRESSES UNIVERSITAIRES DE FRANCE

A mes parents

ISBN 2 13 045813 0
ISSN 0982-3344

Dépôt légal — 1re édition : 1994, mars

108, boulevard Saint-Germain, 75006 Paris

Sommaire

DEUXIÈME PARTIE

LES ÉTUDES D'ÉVÉNEMENT

TROISIÈME PARTIE

APPLICATION SUR LE MARCHÉ FRANÇAIS

Remerciements

Cet ouvrage est l'achèvement d'un travail de recherche personnel réalisé en vue de l'obtention d'un Doctorat de Finance de l'Université Paris-IX Dauphine. Il n'aurait pu être mené à bien sans le soutien de nombreuses personnes. Qu'elles trouvent ici l'expression de ma profonde gratitude.

Tout d'abord, je tiens à remercier particulièrement Bertrand Jacquillat qui n'a cessé de me prodiguer conseils et critiques tout au long de mon travail en tant que Directeur de recherche et de collection.

Je tiens également à remercier Nathalie Dierkens, Jacques Hamon, Michel Levasseur et Jean-François Malecot, qui en tant que membres de mon jury ont permis par leurs remarques d'améliorer le fond de cet ouvrage par rapport à la thèse.

De même, je remercie Huu Minh Mai pour ses nombreux conseils et son aide informatique.

Enfin, je voudrais remercier tous les membres du CEREG qui ont permis que ce travail soit effectué dans un environnement de bonne humeur : Claire Barbaret, Maguy Doat, Didier Folus, Jean-François Gajewski, Pascal Grandin, Georgie Labate, Michèle Saint-Ferdinand, Jean Salvati, Emmanuel Tchemeni, Jain Wu.

Toutefois, bien qu'étant admirablement bien entourée, toute erreur ou omission que le lecteur pourra découvrir n'est à imputer qu'à ma seule responsabilité.

Introduction

Dans la majorité des entreprises la politique financière est subordonnée à la stratégie commerciale ou industrielle. La valeur de la firme est influencée par la valeur de ses actifs économiques [1], soit la politique industrielle de long terme. Le rôle de la direction financière est alors d'assurer le financement de l'entreprise aux meilleures conditions. En émettant des titres financiers, la firme vend des droits sur les revenus futurs de ses actifs. La structure du capital de l'entreprise correspond au partage des ressources financières de l'entreprise entre les capitaux propres et l'endettement. Elle doit être évaluée à partir des valeurs de marché des fonds propres et de la dette (et non pas à partir des valeurs comptables). Au passif du bilan, la valeur de la firme est égale à la somme de ces deux sources de financement. En supposant donc l'indépendance entre les décisions financières et la valeur de la firme, le choix d'une structure financière importe peu. D'où la fameuse proposition de Modigliani et Miller (1958) : la valeur de la firme dépend de la valeur de ses cash-flows courants et futurs. Quel que soit le mode de financement par les marchés de capitaux choisi par la société, ces opérations financières ne modifient pas la valeur de la firme. Ainsi, une entreprise endettée à 100% aura une valeur identique à celle finançant ses investissements exclusivement par actions.

Dans le cas où l'hypothèse d'indépendance entre les décisions financières et celles d'investissement est levée, le choix d'une structure du capital affecte la valeur des actifs économiques. Jensen et Meckling (1976) ont été parmi les premiers à en souligner les principales raisons. A la suite d'une émission de dette, deux types de conflits d'intérêt risquent de surgir. Le premier conflit, dont l'analyse s'inspire de Black et Scholes (1973), provient de la préférence des dirigeants-actionnaires à investir dans des projets risqués. En effet, en raison de leur responsabilité limitée, leurs pertes sont minimales en cas d'échec du projet tandis qu'ils bénéficient totalement des gains en cas de réussite. Par contre, les créanciers ont un gain maximal égal à la valeur

1. Les actifs économiques sont égaux à la somme des actifs immobilisés et des actifs d'exploitation.

du montant de remboursement de la dette. Une augmentation du risque des cash-flows de la firme conduit à une hausse de la probabilité d'insolvabilité et donc à une baisse de la valeur de la dette. Le deuxième conflit provient de l'élévation des charges financières de l'entreprise à la suite d'une émission de dette. Les dirigeants-actionnaires ne sont pas incités à investir puisque toute augmentation de la valeur de la firme sera en majeure partie distribuée aux créanciers.

Ainsi, les opérations financières modifiant la structure du capital affectent les décisions d'investissement ou les opportunités de croissance et conduisent à un changement dans la valeur de la firme et la richesse des actionnaires.

Cet ouvrage a pour objet de mettre en évidence la relation entre le changement de structure du capital et la valeur de la firme sur le marché français. Il présente un triple intérêt à la fois théorique, méthodologique et empirique. Sur le plan théorique, une revue de la littérature de la théorie moderne de la structure du capital met en évidence la nature de l'information liée aux émissions d'actifs financiers. Le point de départ de l'analyse est le modèle de Modigliani et Miller (1958). Une modification de la structure du capital ne modifie en rien la valeur de la firme dans la mesure où les décisions d'investissement et de financement sont indépendantes. Mais la déductibilité des intérêts du bénéfice imposable a conduit les auteurs (1963) à modifier cette première proposition et à conclure qu'une firme a toujours intérêt à émettre de la dette au lieu des actions, sous l'hypothèse que les firmes ne sont jamais en faillite. Toutefois, Miller (1977) en prenant en considération l'impact de la fiscalité à la fois sur les sociétés et sur les revenus des personnes physiques conclut à une détermination aléatoire de la structure du capital. Ces trois articles constituent les fondements de la théorie moderne de la structure du capital. La littérature plus récente ne remet pas en cause leurs raisonnements mais les hypothèses sous-jacentes aux modèles. Trois grandes théories se distinguent : la théorie du signal, la théorie de l'agence et la théorie du contrôle.

Un signal est une information sur l'évolution des bénéfices futurs, la valeur des actifs en place ou les opportunités de croissance apportées par les dirigeants ayant, compte tenu de leur position, une connaissance supérieure sur la valeur de la firme par rapport aux investisseurs extérieurs. La théorie du signal repose donc sur l'existence d'une asymétrie d'information entre les différents partenaires de la vie de l'entreprise. Leland et Pyle (1977) montrent qu'une diminution de la proportion d'actions détenue par les dirigeants signale une baisse de la valeur de la firme. Myers et Majluf (1984) et Lucas et McDonald (1990) montrent qu'en cas d'asymétrie d'information sur la valeur des actifs en place les dirigeants, maximisant la richesse des anciens actionnaires, choisissent l'émission d'un titre en fonction de l'évaluation par le marché de la valeur des actifs en place. Si les actionnaires sur-estiment la valeur de la firme, l'émission d'actions permet de se procurer des fonds à un prix supérieur compensant ainsi le coût de dilution des anciens actionnaires. Une émission d'actions signale donc une sur-évaluation des cours et devrait donc entraîner une baisse de la valeur des actions à l'annonce de cette opération financière. Si, au contraire, les investisseurs ont une évaluation correcte de la valeur de la firme, les dirigeants préféreront émettre de la dette. La modification de la structure du capital signale donc aux investisseurs l'information dont disposent les dirigeants. Ce signal a un coût qui est une fonction croissante de la qualité de la firme afin qu'il ne puisse être imité par les firmes de mauvaise qualité. Ainsi, l'émission de valeurs mobilières signale l'évolution des bénéfices futurs de la société. La dette peut s'interpréter comme signalant une augmentation des bénéfices futurs puisque la firme s'engage à payer des charges financières supplémentaires. En revanche, l'émission d'actions signale une sur-évaluation qui a pour but de compenser la dilution des anciens actionnaires.

La théorie de l'agence traite des conflits d'intérêts qui surgissent entre les différents partenaires de la vie de l'entreprise : les dirigeants, les actionnaires et les obligataires. Le premier type de conflit entre les dirigeants et les actionnaires relève, comme le soulignent Crutchley et Hansen (1989), du mode d'actionnariat des entreprises modernes. Les actionnaires sont dispersés et délèguent les décisions financières et autres aux dirigeants. Modélisés par Jensen et Meckling (1977), ces conflits apparaissent parce que les dirigeants ne sont pas seuls propriétaires de l'entreprise et donc ne retiennent pas 100% des bénéfices. Par contre, en cas de faillite, ils supportent le coût de leur activité puisqu'ils perdent leur emploi. Ainsi, comme le soulignent Harris et Raviv (1991), les dirigeants sont incités à consacrer moins d'effort à leur travail et à transférer une partie des ressources de la firme pour leur propre utilité. Cette consommation privée diminue d'autant la valeur de la firme et est d'autant plus importante que la fraction d'actions détenue par les dirigeants est faible. D'où l'importance de la structure du capital. Une décision d'émission d'actions signale une baisse de la fraction détenue par les dirigeants conduisant à une augmentation de la consommation privée et donc une diminution de la valeur de la firme. Dès lors, pour éviter cette consommation privée excessive, Jensen (1986) et Stulz (1990) montrent qu'une émission de dette, en réduisant les bénéfices disponibles de la firme, limite les coûts d'agence. L'émission d'obligations convertibles résout aussi ce problème puisque ces titres sont des produits synthétiques, représentant à la fois une action et une option de vente à un prix d'exercice égal à la valeur faciale de l'obligation. Si le détenteur exerce son option, ce qui équivaut à la vente de l'action, il reçoit le prix d'exercice égal à la valeur de l'obligation. Barnea, Haugen et Senbet (1985) montrent ainsi qu'en augmentant sa consommation privée, le dirigeant ne diminue pas seulement la valeur de la firme mais augmente aussi la valeur de l'option de vente. La combinaison des deux réduit la richesse monétaire du dirigeant. Ce raisonnement ne s'applique qu'au cas où les dirigeants ont une part significative du capital, ce qui n'est pas le cas dans la plupart des entreprises françaises. En revanche, certains actionnaires peuvent bénéficier de cette consommation privée lorsque la fraction d'actions qu'ils détiennent est importante.

Les conflits d'intérêts entre les actionnaires et les créanciers reposent sur le principe de la théorie des options. En effet, si la valeur de la firme est inférieure au montant de remboursement de la dette, la valeur des actions est nulle. Si, en revanche, la valeur de la firme est supérieure au montant du remboursement, la valeur des actions est égale à la différence entre la valeur de la firme et le remboursement. Ce profil équivaut exactement à une option d'achat. Une action peut donc être considérée comme une option d'achat sur la valeur de la firme. Dès lors, tout accroissement du risque de la firme augmente la valeur des actions au détriment des obligations, entraînant un transfert de richesse entre les investisseurs.

Le marché du contrôle a une influence non négligeable à court terme sur la structure du capital. L'émission de titres est liée à la composition de l'actionnariat de l'entreprise et est décidée en fonction de la proportion d'actions détenue par les dirigeants ou le noyau dur. Ainsi, dans une structure de l'actionnariat dispersée, les dirigeants, pour diluer la fraction d'actions détenue par les rivaux, émettent de la dette. En revanche, en cas de structure concentrée, une émission de dette a l'avantage de maintenir la part détenue par les dirigeants. Dans le cas où l'équipe dirigeante en place n'est pas la plus performante, l'émission de dette de court terme permet aux dirigeants de se procurer les fonds nécessaires à l'acquisition d'actions supplémentaires pour garder le contrôle. Dans le cas contraire, l'émission d'obligations n'est pas utile puisque les actionnaires passifs apporteront leurs actions à l'équipe la plus performante.

Ces théories aboutissent à des conclusions parfois contradictoires quant à l'incidence de tel ou tel type d'émission sur la valeur de la firme et la richesse des actionnaires. Seule l'observation empirique permet de les départager. Les conclusions de ces différents modèles vont être testées empiriquement par la méthode des études d'événement. Celle-ci consiste à mesurer l'impact de l'annonce d'une émission de titres sur les cours boursiers.

Sur le plan méthodologique, cet ouvrage utilise la méthodologie des études d'événement. Ces dernières ont pour objectif de mesurer – par différence de rentabilité entre le titre et une norme – l'impact de l'annonce d'une émission d'actions ou d'obligations sur les cours boursiers. L'hypothèse nulle testée est l'absence d'impact à l'annonce d'un événement précis. Si ce dernier n'est pas cerné avec précision, l'interprétation des résultats est faussée. De la même manière, une mauvaise identification de la date d'annonce peut conduire à une absence d'impact. Enfin, une dernière spécification concerne le calendrier de l'événement. La méthodologie prévoit un recentrage de la date d'annonce en une date 0. Deux périodes sont alors définies, la fenêtre d'événement centrée autour de la date 0 et la période d'estimation située avant et/ou après la fenêtre d'événement. Le problème à ce niveau est de déterminer le nombre de jours ou de mois dans chacune des périodes.

Une fois la détermination des paramètres réalisée, la deuxième étape consiste à calculer la rentabilité anormale à la date d'annonce pour chacun des titres. En effet, la mesure de l'impact sur les cours à l'annonce est une différence de rentabilité entre le titre et une norme. Cette norme représente la rentabilité du titre sans annonce. Après avoir effectué le calcul des rentabilités anormales pour chacun des titres composant l'échantillon, la moyenne à la date d'annonce est réalisée. L'hypothèse nulle se définit comme l'absence de significativité de la rentabilité anormale moyenne. Le test de moyenne correspondant est un student à $N - 1$ degrés de liberté, où N est le nombre de titres composant l'échantillon.

La majorité des études utilise une estimation des rentabilités normales par le modèle de marché. Or, le test lié à une telle définition est le test de student et suppose un certain nombre d'hypothèses telles que la normalité des séries de rentabilités anormales moyennes, des variances identiques pour tous les titres et des termes de covariance nulle. Les autres techniques d'estimation proposées dans la littérature sont parfois plus complexes et visent à résoudre les différents problèmes rencontrés dans la méthodologie, c'est-à-dire au niveau de la norme, des hypothèses du test et de la propreté des données.

L'utilisation de données quotidiennes permet de mieux cerner l'événement étudié et donc d'éliminer les erreurs de mesure, mais les résultats sont davantage sensibles à la propreté de la base de données. D'où la nécessité d'étudier le problème des données manquantes, leur importance et leur traitement. De plus, lorsque les cours ne sont pas tous d'ouverture mais s'étalent au cours de la journée, la rentabilité entre les titres ne comprend pas le même ensemble d'informations et conduit donc à des erreurs d'interprétation. Les techniques d'estimation de la rentabilité anormale du titre doivent donc prendre en compte ces problèmes de traitement des données.

L'estimation de la norme n'est pas sans difficulté. Le student classique reposant sur des hypothèses trop restrictives, d'autres méthodes ont été proposées. Les plus complexes sont celles qui visent à estimer la matrice de variance/covariance. Deux méthodes sont proposées, celle de Jaffe (1974) et celle des Moindres Carrés Généralisés (GLS). Toutefois, ces techniques ne sont pas facilement utilisables, en particulier lorsque l'échantillon est composé d'un nombre de titres important. Une simplification est généralement réalisée qui consiste à considérer les termes de covariance nuls. Ceci n'entraîne pas des biais supplémentaires lorsque les dates d'annonce sont dispersées sur la période d'étude. Dès lors, les méthodes concentrent leurs intérêts sur l'estimation de la variance. D'une part, l'hétéroscédaticité est contrôlée grâce à la standardisation des rentabilités anormales et l'utilisation des modèles dichotomiques. D'autre part, l'instabilité dans le temps est prise en compte dans les modèles autorégressifs conditionnels type ARCH, GARCH.

Par ailleurs, une mesure correcte de la rentabilité anormale exige que la norme soit parfaitement définie, c'est-à-dire qu'elle doit obéir aux mêmes caractéristiques que le titre considéré à l'exception de l'effet d'annonce. Des modèles proposent d'utiliser des portefeuilles de contrôle qui sont composés de titres de même risque, de même secteur d'activité ou de même niveau de bénéfice que le titre considéré. La rentabilité normale du titre à la date d'annonce est alors la rentabilité du sous-échantillon.

En définitive, face aux nombreuses variantes de techniques d'estimation de la norme, quelle est la plus performante? Pour répondre à cette question, des simulations sont effectuées qui génèrent de façon aléatoire une date d'annonce sur laquelle est appliquée une constante représentant le choc. Le critère de performance s'effectue sur le pourcentage de rejet de l'hypothèse nulle c'est-à-dire l'absence d'impact. Les différentes études (Brown et Warner (1980-1985), Malatesta (1986), McDonald (1986)) concluent à une performance similaire entre les modèles complexes et simples.

Dans cet ouvrage, l'annonce d'une modification de la structure du capital sur la valeur de la firme est empiriquement testée sur le marché français. Les opérations financières prises en considération ont été sélectionnées compte tenu de l'analyse institutionnelle. Elles doivent répondre à un certain nombre de critères telles que l'importance en nombre des émissions et l'homogénéité dans leur définition. La date d'annonce est prise dans le *Bulletin des Annonces Obligatoires (BALO)*. Cette publication administrative est la première à annoncer les conditions de l'offre, les entreprises ne pouvant juridiquement faire de publicité sur les termes de l'émission avant sa parution. En définitive, les échantillons étudiés sont les émissions d'actions, d'obligations classiques avec ou sans possibilité de remboursement anticipé, les obligations convertibles. La période d'étude s'étale de janvier 1980 à décembre 1990. La norme employée est l'indice de marché, c'est-à-dire l'indice équipondéré sur l'ensemble des titres disponibles dans la base de données AFFI-SBF. Les tests utilisés tiennent compte à la fois de la non-normalité des séries de rentabilités anormales moyennes, de l'hétéroscédaticité des titres et de la non-stabilité de la variance dans le temps. La significativité de l'impact à l'annonce de l'émission de ces valeurs mobilières permet de déterminer la nature de l'information liée à la décision de financement. De plus, la mesure de cet impact est régressée sur différentes variables afin d'affiner l'interprétation des résultats.

Cet ouvrage est organisé de la façon suivante. Une première partie effectue une revue de la littérature de la théorie moderne de la structure du capital, centrée sur les modèles traitant de l'impact sur la valeur de la firme d'une modification de la structure du capital. Une deuxième partie étudie les différents modèles utilisés dans les études d'événement et effectue une analyse comparative de différentes techniques d'estimation et de tests. Une troisième partie réalise en premier lieu une analyse institutionnelle du marché français puis des études d'événement sur nos différents échantillons sont effectuées et sont ensuite analysées afin de définir au mieux l'impact informationnel de ces émissions.

PREMIÈRE PARTIE

ASPECTS THÉORIQUES DE LA STRUCTURE FINANCIÈRE ET DES TRANSFERTS DE RICHESSE

Introduction

Avec leur fameux article de 1958, Modigliani et Miller sont les initiateurs de la théorie moderne de la structure financière de l'entreprise. Selon ces auteurs, la structure financière est indépendante de la valeur de la firme, celle-ci étant définie comme la somme de la valeur des actions et de la dette qui forment ensemble la structure financière de la firme. Leur proposition conduit à considérer qu'une firme endettée à 100% aura une valeur identique à celle finançant ses investissements uniquement par émission d'actions. Récemment, la proposition de Modigliani et Miller a été remise en cause par des études théoriques et empiriques qui montrent qu'une modification de la structure financière a une influence non négligeable sur la structure financière de la firme. En effet :

– une modification de la valeur des actions ou des obligations influence mécaniquement la valeur de la firme;
– sous l'hypothèse d'une valeur constante de la firme, lors d'une émission d'actions ou d'obligations, des transferts de richesse peuvent survenir entre les deux catégories d'investisseurs.

Quatre facteurs développés dans cette partie expliquent ces deux dernières propositions : les conflits d'intérêt entre les partenaires de l'entreprise, l'asymétrie d'information, la fiscalité et enfin l'allocation du contrôle.

La théorie de l'agence se focalise sur les conflits d'intérêt entre les actionnaires, les obligataires et les dirigeants. Le premier type de conflit s'intéresse aux divergences d'intérêt entre les actionnaires et les dirigeants. En effet, les organisations actuelles sont caractérisées par une séparation du contrôle et du management. Le détenteur du contrôle, le mandant, demande au dirigeant, le mandataire, d'agir au mieux de ses intérêts et en échange de ses services, lui offre une rémunération. Toutefois, en maximisant sa propre fonction d'utilité, un dirigeant a la possibilité d'augmenter son surplus pécuniaire au détriment des détenteurs du contrôle, les actionnaires, ce qui explique l'existence des conflits d'intérêt entre ces deux catégories d'agents. De la même manière, les actionnaires/dirigeants peuvent prendre des décisions qui augmentent le risque de faillite mais permettent d'accroître leur richesse. Dans ce cas, les conflits d'intérêt se situent entre les dirigeants/actionnaires et les créanciers.

Un signal est un moyen pour les dirigeants de transmettre au marché une information sur les bénéfices futurs, la valeur des actifs en place ou les opportunités d'investissement de la firme. La théorie du signal repose donc sur l'existence d'une asymétrie d'information entre les différents partenaires de la vie de l'entreprise. Deux conditions doivent être vérifiées. Tout d'abord, les investisseurs doivent être capables d'interpréter correctement le signal. De plus, une «mauvaise» entreprise ne doit pas pouvoir émettre le même signal qu'une «bonne» entreprise sans être pénalisée. Si ces deux conditions sont vérifiées, les investisseurs qui reçoivent un signal peuvent déduire la qualité d'une firme sans ambiguïté. Un signal transmis par exemple par une diminution du nombre des actions détenu par les dirigeants à la suite d'une émission d'actions traduit une baisse de la qualité de la firme.

La fiscalité joue un rôle non négligeable dans la détermination de la structure financière car les intérêts payés sont déductibles du bénéfice imposable. Dans ce contexte, en tenant compte de l'impôt sur les bénéfices des sociétés, Modigliani et Miller (1963) concluent qu'il est préférable d'émettre de la dette puisque cela augmente la valeur de la firme du montant de la déductibilité des intérêts. Miller (1977) remet en cause ce résultat en tenant compte de l'impôt sur les sociétés mais également sur les personnes physiques : la structure financière est alors aléatoire et n'influence plus la valeur de la firme. DeAngelo et Masulis (1980) élargissent le modèle de Miller (1977) en tenant compte non seulement de la déductibilité des intérêts, mais aussi des dotations aux amortissements. Ils montrent que les dotations, variables selon les firmes, ont une influence sur la structure financière optimale et la valeur de la firme [1].

La structure financière peut avoir une incidence sur l'issue d'une offre publique d'achat car elle détermine la répartition du contrôle de l'entreprise entre les différentes catégories d'investisseurs. La dette ne donne aucun droit de vote et transfère le contrôle aux détenteurs d'obligations uniquement en cas de faillite alors que les actions, donnant à leur détenteur des droits de

1. On trouvera une analyse fiscale de la stratégie financière dans Scholes et Wolfson (1992).

vote, transfèrent le contrôle à la meilleure équipe dirigeante. La structure de l'actionnariat d'une entreprise joue donc un rôle non négligeable sur la structure financière de l'entreprise et donc sur le résultat des prises de contrôle.

Jusqu'à présent, les modèles étudiés décomposent la valeur de la firme en deux éléments : les actions et les obligations classiques. Or, le financement des entreprises s'effectue aussi par des produits à clauses optionnelles notamment. Les obligations convertibles, les obligations à bons de souscription d'actions, les obligations à remboursement au gré de l'émetteur sont les titres principalement étudiés dans la littérature. Ils sont justifiés par l'existence de conflits d'intérêt et d'asymétries d'information entre les actionnaires et les dirigeants.

Cette partie s'organise donc de la façon suivante. Un premier chapitre décrit les premiers modèles de la théorie moderne de la structure financière de l'entreprise, qui constituent les fondements des modèles ultérieurs. Un deuxième chapitre s'intéresse à la théorie de l'agence. L'objectif est de montrer quels sont les différents types de conflits qui existent entre les partenaires de la vie de l'entreprise et l'impact de ces divergences sur la valeur de la firme. Un troisième chapitre aborde la théorie du signal et détermine les signaux qui sont transmis par les dirigeants. Enfin, un dernier chapitre portera sur la justification des titres à clauses optionnelles.

CHAPITRE PREMIER

Les fondements théoriques de la structure financière

Sous l'hypothèse d'un marché des capitaux pur et parfait, Modigliani et Miller (1958) montrent que la valeur d'une entreprise est indépendante de sa structure financière. Or, en absence d'impôt au niveau des sociétés et des personnes physiques, le financement par actions devient plus avantageux que le financement par dette puisqu'il permet de dégager un bénéfice disponible plus important. Dans la pratique, la présence de l'impôt sur les bénéfices des sociétés remet en cause ce principe. En effet, les charges d'intérêt des emprunts sont déductibles des bénéfices. Dans ce contexte, Modigliani et Miller (1963) proposent un nouveau modèle qui tient compte de l'impôt sur les bénéfices des sociétés. Ils concluent que le financement par dette permet d'augmenter la valeur de la firme du montant des intérêts. Miller (1977) en considérant à la fois la fiscalité sur les personnes physiques et l'impôt sur les sociétés aboutit à la même conclusion que celle de Modigliani et Miller (1958). Ce chapitre décrit ces trois modèles.

1. Modèle de Modigliani et Miller (1958)

Le modèle de Modigliani et Miller (1958) suppose que les marchés de capitaux sont purs et parfaits, c'est-à-dire que les actifs sont parfaitement divisibles, l'information sans coût et disponible pour tous les agents et qu'il n' y a ni coûts de transaction, ni fiscalité.

De plus, les auteurs supposent que les firmes sont réparties en classes de risque – à l'intérieur desquelles le taux de rentabilité requis pour chaque société est le même – qu'il n'y a pas de risque de faillite et qu'enfin les individus peuvent emprunter et prêter au même taux que les entreprises. Le modèle se présente de la façon suivante. Deux firmes, dont les structures financières sont différentes, ont les mêmes bénéfices futurs attendus, X_L et X_U. La valeur de la firme non endettée, V_U, est égale à la valeur de ses actions, S_U. La valeur de la firme endettée, V_L, est égale à la somme de la valeur de ses actions, S_L, et de la valeur de sa dette, D. Dès lors, un investisseur a deux stratégies possibles représentées dans le tableau 1.

TABLEAU 1
Stratégies d'allocation du portefeuille des investisseurs sur une firme avec ou sans endettement et en absence de fiscalité

	Investissement net	*Flux de rentabilités*
Stratégie A Détenir une proportion α d'actions de la firme endettée	αS_L	$\alpha(X_L - rD)$
Stratégie B Détenir une proportion α d'actions de la firme non endettée et emprunter αD	$\alpha(V_U - D)$	$\alpha(X_U - rD)$

Le taux d'emprunt r est identique pour les individus et les entreprises. Si le montant de l'investissement dans chacune des stratégies est identique, alors par hypothèse,

$$\alpha S_L = \alpha(V_U - D) \Rightarrow V_U = S_L + D = V_L.$$

Cette égalité, qui correspond à la proposition 1 de Modigliani et Miller, se fonde sur la possibilité de substituer un endettement personnel à un endettement social et conduit à une indépendance entre la valeur de la firme et la structure financière de l'entreprise. De plus, en l'absence d'opportunités d'arbitrage entre les deux stratégies :

$$\alpha(X_L - rD) = \alpha(X_U - rD).$$

Ceci confirme les hypothèses de départ, $X_L = X_U$ c'est-à-dire l'égalité des rentabilités attendues entre les deux firmes.

En définitive, comme le souligne Weston (1989), la proposition 1 établit que tous les actifs de même rentabilité ont le même prix. En d'autres termes, si les décisions de financement d'une firme influencent sa valeur de marché, des opportunités d'arbitrage surviennent. A l'équilibre, dans un marché parfait du capital, la valeur de marché d'une firme est indépendante de ses décisions de financement.

2. Modèle de Modigliani et Miller (1963)

L'une des principales critiques faite au modèle de Modigliani et Miller (1958) est l'absence d'impôt à la fois au niveau des sociétés et des personnes physiques. En particulier, pour tenir compte de la déductibilité des intérêts, Modigliani et Miller (1963) ont introduit dans leur modèle l'impôt sur les bénéfices des sociétés. Le tableau 2 reprend leur raisonnement par arbitrage du modèle de 1958.

TABLEAU 2

Stratégies d'allocation du portefeuille des investisseurs sur une firme avec ou sans endettement avec la prise en compte de l'impôt sur les sociétés

	Investissement net	*Flux de rentabilités*
Stratégie A Détenir une proportion α d'actions de la firme endettée	αS_L	$\alpha(X_L - rD)(1 - \tau_c)$
Stratégie B Détenir une proportion α d'actions de la firme non endettée et emprunter αD	$\alpha(V_U - D(1 - \tau_c))$	$\alpha(X_U - rD)(1 - \tau_c)$

Sous les conditions d'absence d'arbitrage entre les deux stratégies :

$$\alpha S_L = \alpha(V_U - D(1 - \tau_c)) \text{ d'où } V_U = S_L + D - \tau_c D = V_L - \tau_c D.$$

Selon cette nouvelle proposition, la valeur de la firme endettée est égale à la valeur de la firme non endettée augmentée de l'économie d'impôt. Une firme a donc intérêt à s'endetter à 100%. Ce modèle de Modigliani et Miller a fait l'objet de nombreuses critiques. D'une part, les auteurs supposent que les entreprises et les investisseurs peuvent emprunter au même taux d'intérêt. D'autre part, les investisseurs sont indifférents entre s'endetter par le biais des firmes ou à leur propre compte. Dans le premier cas, ils ne sont pas responsables en cas d'insolvabilité tandis que dans le deuxième cas ils le sont. Par ailleurs, l'absence de risque de faillite permet à l'entreprise de s'endetter à un taux d'intérêt constant.

3. Modèle de Miller (1977)

Le modèle de Modigliani et Miller (1963) suppose implicitement que les taux d'imposition des revenus des actions et des obligations sont identiques.

Les investisseurs accepteront toujours d'acheter les obligations de la firme et celle-ci ne sera jamais, par hypothèse, en situation de faillite. Avant d'étudier le modèle de Miller, la figure 1 retrace le cheminement de l'imposition sur les bénéfices [1] en France. $\tau_{po}, \tau_{pa}, \tau_c$ représentent respectivement les taux d'imposition des revenus en obligations, des revenus d'actions et des bénéfices des sociétés. De plus, les dividendes ouvrent le droit à un avoir fiscal déductible de l'impôt sur le revenu. Soit τ_{av} le taux de cet avoir fiscal. La distribution des bénéfices sous forme d'intérêt ou de dividende ne donne pas lieu à la même imposition et ceci en raison de l'absence d'imposition sur les intérêts versés et la présence de l'avoir fiscal.

Bénéfice
1 fr

	Intérêt	Dividende
Impôt sur les sociétés	0	τ_c
Bénéfice après impôt sur les sociétés	0	$(1-\tau_c)(1+\tau_{av})$
Impôt personnel	τ_{po}	$\tau_{pa}(1-\tau_c)(1+\tau_{av})-\tau_{av}$
Bénéfice après impôt sur les sociétés et impôt personnel	$1-\tau_{po}$	$1-(\tau_{pa}(1-\tau_c)(1+\tau_{av})-\tau_{av})$

FIGURE 1
Cheminement de l'imposition sur les bénéfices avant impôts et distribution en France

Le bénéfice de la firme non endettée s'écrit :

$$V_U = \frac{NOI[(1-\tau_c)(1-\tau_{pa})+\tau_{av}]}{\rho},$$

où ρ est le taux d'actualisation pour une firme non endettée et NOI les cash-flows de cette firme. Si des obligations sont émises, la valeur de la firme devient :

$$V_L = \frac{NOI[(1-\tau_c)(1-\tau_{pa})+\tau_{av}]}{\rho} + \frac{rD((1-\tau_{po})-[(1-\tau_c)(1-\tau_{pa})+\tau_{av}])}{k_d},$$

1. Voir Brealey et Myers (1988) pour le cheminement de l'imposition des bénéfices aux Etats-Unis.

où k_d est le taux sans risque pour la firme endettée

$$V_L = V_U + B\left[1 - \frac{(1-\tau_c)(1-\tau_{pa}) + \tau_{av}}{(1-\tau_{po})}\right]$$

et $B = \dfrac{rD(1-\tau_{po})}{k_d}$ est la valeur de marché de la dette. Le gain procuré par l'endettement est égal à :

$$G = B\left[1 - \frac{(1-\tau_c)(1-\tau_{pa}) + \tau_{av}}{(1-\tau_{po})}\right]. \qquad (1)$$

Si $\tau_{pa} = 0$, $\tau_{av} = 0$ et $\tau_{po} = \tau_c$, le gain de l'endettement est nul (résultat de Miller).

Si $\tau_{po} = \tau_{pa}$ et $\tau_{av} = 0$; $G = \tau_c B$ (résultat de Modigliani et Miller (1963)) (2).

L'égalité (1) varie en fonction du taux d'imposition des personnes physiques et des sociétés. La détermination d'un ratio optimal dette sur actions pour une firme individuelle relève d'un problème de choix de clientèle et est particulièrement difficile à déterminer dans la mesure où il existe une multitude de cas possibles en fonction de l'imposition fiscale des individus. Dès lors, le choix d'un ratio d'endettement pour la firme s'effectue de manière aléatoire. D'où la conclusion de Miller : la valeur de la firme est indépendante de sa structure financière. Par contre, au niveau du marché global des obligations, Miller détermine un équilibre représenté par la figure 2. La demande d'obligations est représentée par cette courbe, dont l'ordonnée à l'origine r_0 est le taux d'intérêt d'équilibre pour les investisseurs non imposés. Miller commence son raisonnement en supposant que les revenus des actions ne sont pas imposés, $\tau_{pa} = 0$ [2], τ_{po} représentant le taux d'imposition de l'investisseur sur les intérêts. Si la firme est financée initialement en actions, l'équation (2) montre qu'elle sera incitée à se financer par de la dette puisque cela lui permet d'accroître sa valeur. Les seuls investisseurs intéressés par cette émission seront ceux qui sont indifférents entre la dette et les actions, c'est-à-dire les investisseurs non imposés sur le revenu. Ainsi, l'effet d'un endettement initial est de profiter du gain de valeur et de laisser l'impôt sur les personnes physiques inchangé. Un endettement supplémentaire nécessitera d'inciter d'autres investisseurs à acheter des obligations.

Ainsi, les courbes de demande et d'offre d'obligations s'écrivent $\dfrac{r_0}{1-\tau_{po}}$ et $\dfrac{r_0}{1-\tau_c}$. A l'équilibre $\dfrac{r_0}{1-\tau_{po}} = \dfrac{r_0}{1-\tau_c} \Rightarrow \tau_{po} = \tau_c$. Le modèle de Miller s'attache uniquement à déterminer un équilibre global. Si le taux

2. Ceci repose sur l'idée que ce taux étant nettement inférieur à celui de τ_{po}, son effet est marginal par rapport à l'ensemble du raisonnement. De plus, ce dernier s'effectue dans le cadre de l'imposition américaine conduisant à $\tau_{av} = 0$.

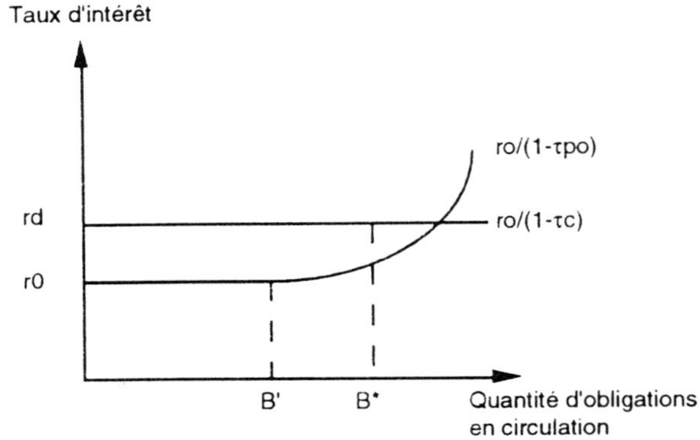

FIGURE 2
Equilibre général de Miller

d'imposition des sociétés augmente, le ratio dette/action des firmes dans l'ensemble de l'économie augmente. Par contre, si le taux d'imposition des revenus s'élève, ce ratio diminue. Une fois l'équilibre du marché atteint, une firme n'aura aucun avantage à s'endetter ou aucun désavantage à être moins endettée qu'une autre. En définitive, dans le modèle de Miller, le gain de l'endettement va aux investisseurs non imposés pour un montant $r_d - r_0$ alors que dans Modigliani et Miller (1963), ce sont les entreprises qui bénéficient du surcroît de valeur. En d'autres termes, dans le dernier cas, l'endettement profite essentiellement aux entreprises ayant des profits puisqu'il leur permet d'accroître leur valeur. Ce modèle s'applique donc particulièrement bien aux économies où le montant agrégé des profits est positif. Dans le cas de Miller, l'interprétation est différente. En effet, si r_d et r_e sont les rentabilités des obligations et des actions, alors :

$$r_d(1 - \tau_c) = r_e. \tag{3}$$

Si la firme bénéficie de déductions fiscales, son taux effectif τ^* est inférieur à τ_c. L'équation (3) devient $r_d(1 - \tau^*) > r_e$. La dette devient un moyen de financement plus cher que les actions. Dans une économie où les profits agrégés imposables sont négatifs, le financement se fait essentiellement par actions. L'arbitrage fiscal consiste à émettre des actions et à utiliser le produit de cette émission pour acheter des obligations comme l'indique la figure 3. La distinction entre l'équilibre de Modigliani et Miller (1963) et Miller(1977) provient du montant des profits disponibles.

L'axe horizontal représente le montant total des profits des sociétés d'une économie. Dans le cas d'un montant positif, l'équilibre de Modigliani et Miller montre que l'endettement profite essentiellement aux entreprises puisqu'il permet d'accroître leur valeur. En cas de montant total négatif, l'emprunt est

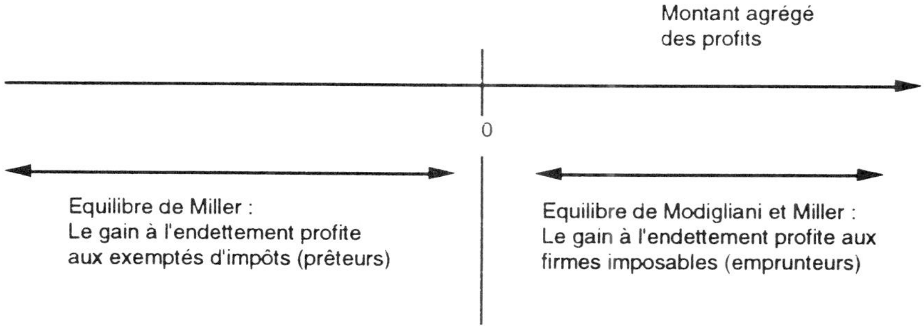

FIGURE 3
Equilibres de Modigliani et Miller (1963) et de Miller (1977)

une source de financement chère. Les prêteurs sont les bénéficiaires d'une telle situation. Le ratio d'endettement d'équilibre varie dans le temps en fonction du montant agrégé des profits imposables dans l'économie.

4. Rôle de la fiscalité

Miller (1977) a montré que la valeur de la firme reste indépendante de la structure financière, même si l'on tient compte de l'impôt sur les sociétés et de l'impôt sur les personnes physiques. DeAngelo et Masulis (1980) remettent en cause ce principe en prenant en considération les déductions fiscales autres que les charges d'intérêt, telles que les dotations aux amortissements. Lewis (1990) de son côté considère que le choix d'une structure financière dépend d'un arbitrage entre les économies d'impôt provenant de l'émission de dette et l'impôt supplémentaire sur le revenu pour les investisseurs.

4.1. *Modèle de DeAngelo et Masulis (1980)*

L'objectif de la firme est de maximiser son bénéfice après impôts. L'endettement est optimal si

$$1 - \tau_{po} > (1 - \tau_{pa})(1 - \tau_s).$$

Trois types d'impôts sont pris en compte : l'impôt sur les sociétés, τ_s; l'impôt sur le revenu des obligations, τ_{po}, et l'impôt sur le revenu des actions, τ_{pa}. Soient :

– $X(s)$: le bénéfice avant impôts et versement des intérêts;

– B : le montant des intérêts déductibles de l'impôt sur les sociétés;
– Δ : les déductions fiscales du bénéfice imposable telles que les dotations aux amortissements;
– Γ : la valeur en dollars du crédit d'impôt dus à la fois aux charges d'intérêt et aux autres dépréciations;
– τ : l'impôt sur les sociétés;
– θ : le pourcentage maximal légal qui peut être déduit du bénéfice imposable;

$X(s)$ est une fonction monotone croissante sur l'ensemble des états possibles $[0, \overline{s}]$, décomposable en sous-intervalles. Si $s \in [0, s^1]$, la firme étant en faillite, seuls les créanciers bénéficient de la valeur de la firme. Si $s \in [s^1, s^2]$, le paiement résiduel est versé aux actionnaires et le bénéfice imposable est nul ou positif. Son montant dépend de $X(s)$ mais aussi de B et des déductions fiscales Δ et Γ. Si $s \in [s^2, s^3]$, le bénéfice imposable est positif mais il n'est pas suffisant pour imputer toutes les déductions possibles (limitées par θ). Si $s \in [s^3, \overline{s}]$, le bénéfice imposable est positif et suffisant pour imputer totalement toutes les déductions fiscales. La valeur V de la firme est égale à $D + E$ où D est le montant de la dette évalué avant impôts sur les personnes physiques au prix de $P_D(s)$ et E est le montant des actions avant impôts évalué au prix de $P_E(s)$.

$D(s)$	$E(s)$	*Etats de la nature*
$X(s)$	0	$s \in [0, s^1]$
B	$X(s) - B$	$s \in [s^1, s^2]$
B	$X(s) - B - \tau_c(X(s) - \Delta - B) + \theta\tau_c(X(s) - \Delta - B))$	$s \in [s^2, s^3]$
B	$X(s) - B - \tau_c(X(s) - \Delta - B) + \Gamma$	$s \in [s^3, \overline{s}]$

Afin d'étudier l'impact d'un mode de financement sur la valeur de la firme, la réaction de la valeur de la firme à une variation infinitésimale de la dette est calculée :

$$\begin{aligned}\frac{\partial V}{\partial B} &= \int_{s^3}^{\overline{s}} (P_D(s) - P_E(s)(1 - \tau_s))ds \\ &+ \int_{s^2}^{s^3} (P_D(s) - P_E(s)(1 - \tau_s(1 - \theta)))ds \\ &+ \int_{s^1}^{s^2} (P_D(s) - P_E(s))dX(s)P_D(s)ds. \qquad (1)\end{aligned}$$

L'équation (1) montre que l'endettement a un impact sur la valeur de la firme lorsqu'il existe des charges déductibles du bénéfice imposable autres que les charges d'intérêt ($\Delta, \Gamma > 0$). La figure 1 présente le modèle de DeAngelo et Masulis dans le contexte de celui de Miller (1977). Le taux d'imposition réel est inférieur au taux d'imposition effectif compte tenu des déductions fiscales ($\tau_c' < \tau_c$).

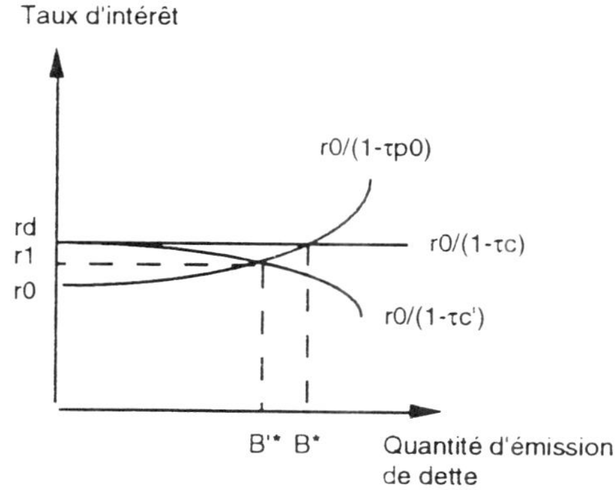

FIGURE 4
Fiscalité et décision d'endettement

Le montant agrégé de dette émise, B'^*, et le taux d'intérêt r^1 sont inférieurs à celui de l'équilibre de Miller (1977). Miller a montré que la structure financière d'une firme donnée était aléatoire. DeAngelo (1980), en prenant en compte à la fois les déductions dues aux charges d'intérêt et aux dépréciations comptables, montre que la valeur de la firme est influencée par les décisions d'endettement et dépend du montant déductible du bénéfice imposable.

4.2. *Modèle de Lewis (1990)*

Lewis (1990) établit un modèle dynamique de l'impact de la fiscalité sur la structure financière. L'impact d'un financement par dette a un double effet sur la valeur de la firme. D'une part, les économies d'impôt provenant du financement par la dette ont un effet positif :

$$\sum_{t=1}^{\infty} \sum_{s(t)} p_0(s_t)\tau_c \max(0, \min(C^*(t), X(s_t) - \Delta(s_t))),$$

avec s_t, l'état de la nature, τ_c, le taux d'impôt sur les sociétés, $C^*(t)$, le bénéfice avant versement des intérêts et des impôts à la date t dans l'état de la nature s_t et $\Delta(s_t)$ les déductions possibles au bénéfice imposable à la date t dans l'état de la nature s_t. D'autre part, l'imposition sur le revenu des investisseurs a un effet négatif :

$$\sum_{t=1}^{\infty} \sum_{s(t)} p_0(s_t) \tau_p \widetilde{C},$$

où $\tau_p(s_t)$ est le taux d'impôt sur les revenus des obligataires et $\widetilde{C}$ est le paiement des intérêts en t dans l'état de la nature s_t, $\widetilde{C} = \min(C^*(t), V(s_t))$. Le choix optimal d'une structure financière dépend de l'arbitrage entre ces deux termes. La politique de financement est effectuée en choisissant une stratégie d'émission de la dette qui maximise la valeur de la firme à chaque période. Le montant de la dette n'est donc pas arbitraire. Dans ce contexte, Masulis (1980) a testé l'impact d'une variation des économies d'impôt due à une émission d'obligations sur la valeur de la firme. Il montre que l'économie d'impôt varie dans le même sens que la valeur de la firme. La variation moyenne estimée de la valeur de la firme représente entre 10% et 20% de la variation des économies d'impôt. Mackie-Mason (1990) a montré que le montant de dette émis est une fonction croissante du taux marginal d'imposition effectif.

En conclusion, le modèle de Modigliani et Miller (1958) constitue non seulement la base de la théorie moderne de la structure financière mais aussi le point de départ d'une abondante littérature théorique. Ces études ne remettent pas en cause la logique du modèle mais s'intéressent à diverses imperfections du marché qui, dans le cadre de la relation entre la modification de la structure financière et la valeur de la firme, sont les suivantes : les conflits d'intérêt entre les différents partenaires de la vie de l'entreprise; l'asymétrie d'information entre les agents; le marché du contrôle. L'objet des prochains chapitres est de présenter ces différents modèles.

CHAPITRE 2

Théorie de l'agence

La théorie de l'agence se fonde sur les conflits d'intérêts qui surgissent entre les différents partenaires de la vie de l'entreprise : dirigeants, actionnaires et créanciers. Les organisations actuelles sont caractérisées par une séparation entre la direction et le contrôle de l'entreprise. Plus précisément, les détenteurs du contrôle, en position d'actionnaire ou de mandant, demandent à un mandataire, le dirigeant, d'agir au mieux de leurs intérêts et en échange des services que rend celui-ci, lui offrent une rémunération. De son côté, le mandataire s'engage à prendre des décisions qui vont dans le sens des intérêts du mandant. Mais on ne peut exclure qu'il prenne des décisions en fonction de sa propre fonction d'utilité. Agir de cette manière lui permet d'augmenter son surplus pécuniaire. Dès lors, ses efforts n'ont plus pour objet de maximiser les intérêts du mandant. Si chaque partie maximise sa fonction d'utilité, il est inévitable que des conflits d'intérêt surgissent. Par ailleurs, les dirigeants/actionnaires ont la possibilité, par certaines décisions, d'accroître leurs richesses au détriment de celle des créanciers.

1. Les conflits d'intérêt entre les dirigeants et les actionnaires

Selon Crutchley et Hansen (1989), les coûts d'agence résultent de la composition de l'actionnariat des entreprises modernes. L'actionnaire dispersé, et détenant un portefeuille diversifié, délègue les décisions financières et autres aux dirigeants. Il a une aversion pour le risque tandis que les dirigeants, salariés de l'entreprise, sont incités à poursuivre leurs propres objectifs par une maximisation des profits de l'entreprise et non de sa valeur, rentrant ainsi en conflit avec les actionnaires.

1.1. *Modèle de Jensen et Meckling (1976)*

Jensen et Meckling (1976) modélisent les conflits d'intérêt qui apparaissent lorsque les dirigeants ne sont pas seuls propriétaires de l'entreprise et ne reçoivent donc pas 100% de ses bénéfices. En revanche, en cas de faillite, les dirigeants en supportent totalement le coût puisqu'ils perdent leur situation. Ainsi, comme le soulignent Harris et Raviv (1991), les dirigeants sont incités à consacrer moins d'effort à leur travail et à affecter une partie des ressources de l'entreprise à la réalisation de leur propre objectif. Ils peuvent souhaiter, par exemple, disposer d'avions personnels, construire des immeubles ou des bureaux luxueux... Cette consommation privée est d'autant plus importante que les dirigeants détiennent une faible fraction du capital de la firme. Jensen et Meckling (1976) commencent leur raisonnement en prenant l'exemple d'un dirigeant qui détient initialement 100% de la firme et vend ensuite une partie de ses actions. La figure 1 montre l'impact de la consommation privée du dirigeant sur la valeur de la firme.

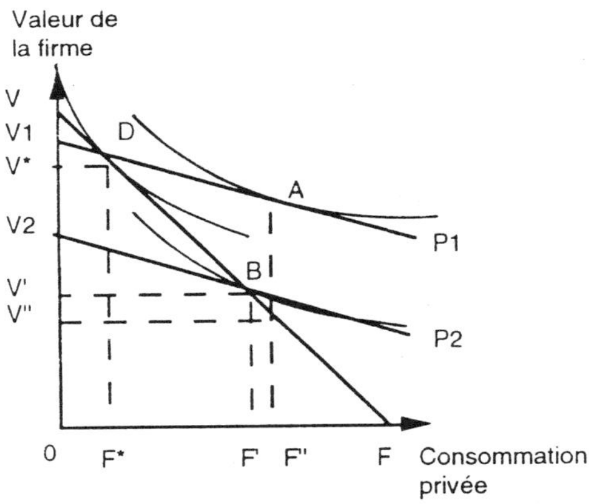

FIGURE 1
La valeur de la firme en fonction de la consommation privée des dirigeants

La droite VF représente la contrainte de budget des dirigeants. V est la valeur maximale de la firme lorsque le dirigeant a une consommation privée nulle. 1\$ de consommation privée par le dirigeant réduit de 1\$ la valeur de marché de la firme. La pente de cette droite est donc -1. Son utilité est maximisée au point de tangence de sa contrainte de budget et de sa courbe d'indifférence (en (V^*, F^*)). Supposons que le dirigeant vende $(1-\alpha)$ action $(0 < \alpha < 1)$ et garde donc α action. Si les nouveaux actionnaires s'attendent à ce que la consommation privée du dirigeant ne change pas, ils paieront leurs actions $(1-\alpha)V^*$. Le coût d'une consommation privée par le dirigeant n'est plus de 1\$ mais de $\alpha^*1\$$. Dès lors, la contrainte de budget est la droite

V_1P_1 passant par (V^*F^*) si la valeur de la firme et la consommation privée des dirigeants restent identiques. Sur cette nouvelle droite, le dirigeant a une utilité supérieure en A. La valeur de la firme diminue de V^* à V'', soit de la consommation supplémentaire $(F^* - F'')$. Or, si les investisseurs sont rationnels, ils ne paieront que $(1-\alpha)$ fois la valeur de la firme qu'ils anticipent compte tenu du changement du comportement des dirigeants, soit V_2P_2 nouvelle droite de pente $-\alpha$ reliant la consommation privée et la valeur de la firme. Pour que le prix de vente des actions soit un point d'équilibre pour les deux parties, la courbe d'indifférence, tangente à V_2P_2, doit être le long de VF (V', F'). La baisse de la richesse de la firme de $(V^* - V')$ représente le coût d'agence.

Pour réduire ce coût, Jensen et Meckling proposent deux solutions :

– une détention à 100% de la valeur de la firme par les dirigeants;
– une émission de dette partageant la valeur de la firme entre les créanciers et les actionnaires et limitant le montant du bénéfice disponible à la consommation privée des dirigeants.

Une émission de dette a un impact positif sur les cours puisqu'elle diminue le coût d'agence. Une émission d'actions dilue la détention α des dirigeants et donc accroît les coûts d'agence [1].

1.2. *Modèle de Jensen (1986) et ses dérivés*

Selon Jensen (1986), une émission de dette est un moyen de discipliner les dirigeants. En effet, les dirigeants disposant de «free cash-flows» [2] trop importants sont incités à les dépenser de façon inefficiente en pratiquant notamment une politique de sur-investissement. La dette permet donc de limiter le montant des bénéfices réinvestis disponibles dans ces projets en raison du paiement des intérêts et du principal. Elle apparaît donc comme une alternative au marché du contrôle avec toutefois l'avantage de présenter des coûts de surveillance pour les actionnaires plus faibles et d'éviter le dilemme du prisonnier [3]. Dans ce contexte de conflits d'intérêt entre les actionnaires

1. Kim et Sorensen (1986) montrent empiriquement que les firmes ayant un capital fermé émettent davantage de dette que les firmes ayant un capital dispersé. De la même manière Friend et Lang (1988) montrent que : (1) le niveau d'endettement augmente avec la proportion d'actions détenue par les dirigeants et (2) un actionnariat concentré est lié à un niveau d'endettement élevé conduisant à une réduction du conflit d'intérêt entre les dirigeants et les actionnaires.

2. Les «free cash-flows» se définissent comme le montant des flux disponibles après que toutes les opportunités d'investissement à valeur actuelle nette positive ont été saisies.

3. Grossman et Hart (1980) montrent que les actionnaires qui anticipent la réussite d'une prise de contrôle n'offrent pas leurs actions afin de profiter des effets de synergie et donc de hausse des cours. Ce comportement conduit à l'échec à terme de l'opération.

et les dirigeants, Harris et Raviv (1990) [4] montrent que les dirigeants sont toujours incités à continuer les opérations courantes de la firme même si les investisseurs préfèrent la liquidation. Une firme à forte valeur liquidative peut s'interpréter comme ayant soit une valeur élevée des actifs immobilisés, soit des faibles coûts de faillite. Dans ces conditions, les investisseurs préfèrent une liquidation à une réorganisation. Ce conflit d'intérêt peut être résolu par un niveau de dette élevé puisque celui-ci informe les investisseurs sur la situation financière de la firme. Ainsi, Jensen (1986) et Harris et Raviv (1990) aboutissent à la conclusion suivante :

Une émission de dette conduit à une réaction positive des cours car elle constitue un moyen de discipliner les dirigeants en les forçant à liquider en cas de faillite. Inversement, une baisse du montant des emprunts n'oblige pas les dirigeants à cesser la politique courante de l'entreprise; ce qui conduit à une réaction négative des cours.

Stulz (1990) montre, comme Jensen (1986), qu'une politique d'endettement peut discipliner les dirigeants. Soit la création d'une firme en $t = 0$. Les actifs en place à cette date procurent un bénéfice R en $t = 1$, utilisé pour les investissements ou pour le paiement des dividendes. En $t = 0$, le coût du contrôle des dirigeants est faible puisque la firme vient de se créer. Par contre, en $t = 1$, les coûts sont plus élevés dans la mesure où les dirigeants ont la faculté par exemple de retarder l'Assemblée Générale ou les décisions qui y ont été prises. Pour atténuer ce problème, les actionnaires émettent alors de la dette. Dans le cas où le coût est faible en $t = 1$, c'est-à-dire où les actionnaires contrôlent suffisamment les dirigeants pour les obliger à maximiser la valeur de la firme, la politique d'endettement n'a plus de sens. Les actionnaires préfèrent une émission d'actions à une émission d'obligations en raison de l'augmentation du risque provoquée par ces dernières. La valeur de la firme en $t = 0$ s'écrit :

$$\begin{aligned} V(F) = E(R) \quad & - \int_{F+I^*}^{\infty} (R - F - I^*)(1 - Y)g(R)dR \\ & + \int_{F}^{\infty} (R - F)(Z - 1)g(R)dR \\ & - \int_{F+I^*}^{\infty} (R - F - I^*)(Z - 1)g(R)dR, \end{aligned}$$

avec F, la valeur faciale de la dette; R, la valeur des fonds propres de la firme connue uniquement des dirigeants; I^*, le nombre d'unités d'investissement dans les projets telle que la valeur actuelle nette soit nulle; $g(R)$, la densité de probabilité de la valeur des fonds propres de la firme; Z, le gain attendu des bons projets et Y, le gain attendu des mauvais projets.

4. Une même approche a été développée par Williamson (1988).

La firme choisit d'émettre de la dette si le coût marginal de l'émission est égal à son bénéfice marginal :

$$\int_{F+I^*}^{\infty} (1-Y)g(R)dR = \int_{F}^{F+I^*} (Z-1)g(R)dR.$$

Le bénéfice marginal de la dette provient du ralentissement de la baisse de la valeur de la firme consécutive à une politique de sur-investissement. Le coût marginal provient des problèmes de sous-investissement soulignés par Myers (1977). Si la probabilité de sur-investissement augmente suite à une anticipation de hausse des cash-flow futurs, les investisseurs émettront de la dette. Un financement par dette a un impact positif parce qu'il permet de limiter le sur-investissement. Un financement par actions réduit le levier d'endettement conduisant à un impact négatif sur les cours.

Le tableau 1 reporte les principales conclusions des modèles étudiant les conflits d'intérêt entre les dirigeants et les actionnaires.

TABLEAU 1

Comparaison des modèles de conflits d'intérêt entre actionnaires et dirigeants

Auteurs	*Conflit*	*Avantage de la dette*	*Coût de la dette*	*Impact sur les cours des actions*
Jensen et Meckling (1976)	Consommation privée	Augmente la fraction du capital détenue par les dirigeants	Substitution d'actifs	Dette : positif Actions : négatif
Jensen (1986)	Sur-investissement	Réduit free cash-flow		Dette : positif Actions : négatif
Harris et Raviv (1990)	Continuation de la politique courante	Force la liquidation en cas de faillite	Risque de faillite	Dette : positif Actions : négatif
Stulz (1990)	Sur-investissement	Réduit «free cash-flow»	Sous-investissement	Dette : positif Actions : négatif

2. Les conflits d'intérêt entre actionnaires et créanciers

Les conflits d'intérêt entre actionnaires et obligataires proviennent d'une tendance de sur-investissement dans des projets risqués par les actionnaires. Afin d'en comprendre les raisons, il est intéressant de reprendre l'exemple de Cox et Rubinstein (1985). Soit la holding Berkeford dont l'actif est constitué exclusivement de 1000 actions Teledyne valant 127\$ financé notamment par 120 obligations de nominal 1000\$. La valeur de remboursement de ces dernières est donc de 120 000$. A maturité, si la valeur de la firme, V^* est inférieure à 120 000$, les obligataires bénéficient prioritairement de V^*, et les actions ne valent plus rien. Par contre, si V^* est supérieure au montant du principal, les actionnaires reçoivent la valeur de la firme diminuée de celle de la dette. D'où le tableau suivant :

	$V^* < 120\,000\$$	$V^* > 120\,000\$$
Obligations	V^*	120 000$
Actions	0	$V^* - 120\,000\$$

D'une façon générale, si K est la valeur de remboursement de la dette, S la valeur des actions, n le nombre d'actions et D la valeur des obligations, le tableau ci-dessous indique le profil de gain des deux actifs :

		Valeur à maturité		*En termes d'options*
		$V^* < K$	$V^* > K$	
Obligations	D	V^*	K	$V - C(V, K)$
Actions	nS	0	$V^* - K$	$C(V, K)$

où $C(V, K)$ est une option d'achat[5] sur la valeur de la firme, V, de prix d'exercice K. Ces deux profils sont représentés sur la figure 2.

En ce qui concerne le profil de gain des actionnaires, à gauche de la valeur de remboursement du principal, K, la valeur des actions est nulle. A droite de K, la valeur des actions est la différence entre la valeur de la firme et la valeur de remboursement. Ce profil de gain est similaire à celui d'une option d'achat. En revanche, les créanciers, à maturité, sont payés prioritairement en cas de faillite de l'entreprise. Si la valeur de la firme est inférieure au montant du remboursement du capital, les créanciers reçoivent V^*. A gauche de K, leurs revenus ne sont plus fonction des bénéfices de la société mais sont égaux à la valeur des actifs. Ainsi, les actionnaires détiennent une option d'achat sur la valeur de la firme dont le prix d'exercice est le montant du principal.

Galai et Masulis (1976) analysent le risque de conflit entre les actionnaires et les obligataires suite à une variation de risque de l'entreprise à l'aide de la théorie des options développée par Black et Scholes (1973) et Merton (1973). Soit V_0, la valeur des actifs définie comme $V_0 = S + D$ où S et D représentent respectivement la valeur des actions et celle des obligations. Si S est une option d'achat sur les actifs de la firme, sa valeur peut être calculée grâce au modèle de Black et Scholes (1973) :

$$S = V_0 N(d_1) - Xe^{-rf} N(d_2),$$

5. Pour une compréhension du fonctionnement des options, voir Associés en Finance (1990).

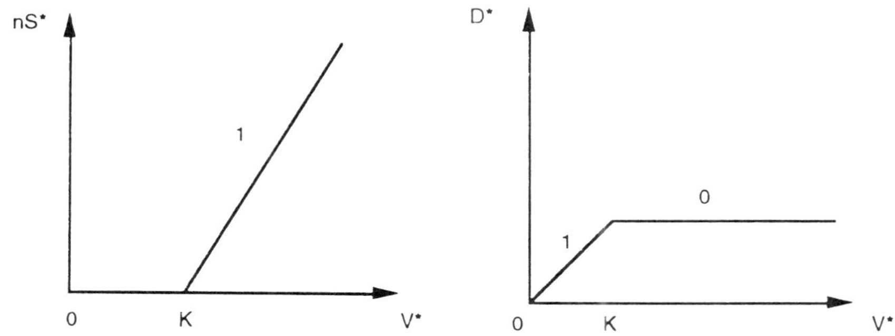

FIGURE 2
Profil de gain de l'action et de l'obligation

avec

$$- d_1 = \frac{\log \frac{V_0}{X} + r_f t + \frac{\sigma^2}{2}}{\sigma \sqrt{t}};$$

$$- d_2 = d_1 - \sigma \sqrt{t};$$

et X, le prix d'exercice de l'option égal au montant du principal; σ, l'écart-type de la valeur de la firme; N, la loi normale.

La valeur de la dette est égale à $D = V_0 - S$. Ainsi, si S augmente, D diminue. Par ailleurs, $\frac{dS}{dV} = N(d_1) > 0$ et $\frac{dS}{dC} = -\exp(r_{FT})N(d_2) < 0$. Les actionnaires sont incités à investir dans des projets risqués puisqu'ils peuvent accaparer une plus grande partie de la valeur de la firme au détriment des obligataires. Une émission de dette augmente le prix d'exercice de l'option et entraîne donc une baisse de valeur de l'option d'achat. Une émission de dette a donc un impact négatif sur le cours des actions.

Ce modèle suppose constante la valeur de la firme. Ainsi, une émission de titres conduit uniquement à des transferts de richesse entre les investisseurs mais ne modifie pas la valeur de la firme.

La théorie de l'agence met en évidence les deux types de conflits qui existent entre les partenaires de la vie de l'entreprise. D'une part, les conflits d'intérêt entre les dirigeants et les actionnaires dans la mesure où les premiers sont incités à poursuivre leur propre objectif au détriment des seconds. D'autre part, un conflit d'intérêt entre les dirigeants et les créanciers puisque les premiers ont la possibilité d'adopter des projets risqués qui permettent d'accroître la valeur des actions au détriment de celle des obligations.

CHAPITRE 3

Théorie des signaux

L'information sur la valeur des actifs de la firme n'est pas répartie équitablement entre les différents partenaires [1]. En effet, les dirigeants possèdent une information sur les bénéfices futurs ou les opportunités d'investissement que les actionnaires n'ont pas. Ainsi, Ross (1977), Leland et Pyle (1977), Heinkel (1982) et Miller et Rock (1985) montrent de quelle manière la structure financière signale aux actionnaires l'information dont disposent les dirigeants. Par ailleurs, Myers (1977), Myers et Majluf (1984), Blazenko (1987), Narayanan (1988) présentent des modèles où la structure financière limite les inefficiences dans les décisions d'investissement dues à l'asymétrie d'information [2].

1. L'aversion au risque des dirigeants

Leland et Pyle (1977) établissent une relation positive entre le pourcentage d'actions détenu par les dirigeants et la valeur de la firme. Les dirigeants connaissent la qualité de la firme mais n'ont aucun moyen de la signaler aux investisseurs. Ces derniers possèdent uniquement une distribution de probabilité sur la valeur attendue en fin de période, μ. Le signal envoyé par les dirigeants sur la qualité de la firme est la part du capital qu'ils détiennent, α. Ce signal est coûteux car il empêche les dirigeants de se diversifier dans un portefeuille de marché ou un actif sans risque mais il n'est pas imitable

1. Akerlof (1970) a été le premier à s'intéresser à l'asymétrie de l'information entre les agents en prenant l'exemple du marché des voitures d'occasion. La qualité d'une voiture d'occasion n'est connue que du vendeur. L'acheteur ne peut établir qu'une distribution de probabilité sur sa qualité. Dès lors, Akerlof montre que l'acheteur fixe un prix correspondant à la qualité moyenne du marché. A ce prix seules les voitures de qualité inférieure seront vendues. Or, l'acheteur anticipant ce comportement propose un prix correspondant à la qualité des voitures comprise entre les plus mauvaises et la moyenne. L'argument se répète jusqu'à ce que le prix de demande soit nul.

2. Pour une revue de la littérature sur ce sujet, voir Thakor (1989).

par les firmes de moins bonne qualité. Le coût net de détention de α est inférieur pour les dirigeants des bonnes firmes dans la mesure où le bénéfice attendu de ces entreprises est plus élevé. Ainsi, à l'équilibre, les firmes de bonne qualité ont un α élevé et les moins bonnes un α faible. Ce modèle appartient à la catégorie des «screening models». Il consiste pour les non-informés à proposer un ensemble de couples (signal;prix) parmi lesquels les informés choisissent en fonction des caractéristiques de la firme. La rentabilité du projet s'écrit :

$$\widetilde{X} = \mu + \varepsilon \text{ avec } \varepsilon \sim \mathcal{N}(0, \sigma^2) \text{ et } \mu \in [\mu_1, \mu_2],$$

où μ est la valeur attendue du projet et donc de la firme à la fin de la période et mesure l'information privée des dirigeants. $\widetilde{X}$ est connu uniquement des dirigeants. Les investisseurs savent qu'il existe une relation entre μ et α et donc déduisent μ de α. Un équilibre séparatif[3] existe si cette relation entre μ et α est monotone. En effet, comme le montre la figure 1, si cela n'est pas le cas, une relation unique entre μ et α ne pourrait pas être déduite.

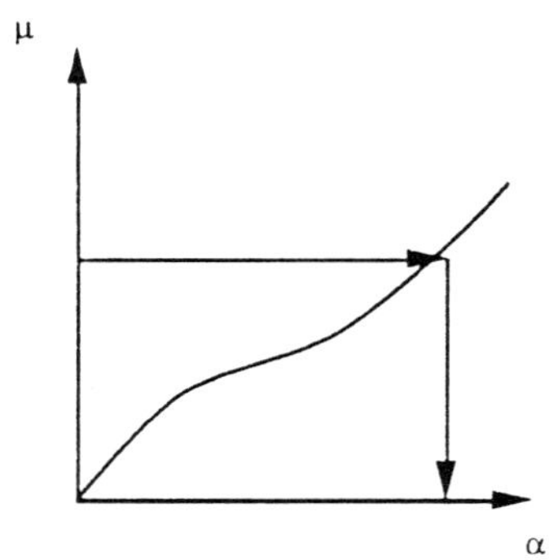

FIGURE 1
Relation monotone entre α et μ

Les investisseurs déterminent une fonction g, reliant μ et α. Cette fonction se détermine à partir de la définition de la valeur de la firme, calculée par le CAPM[4].

$$V(\alpha) = \frac{g(\alpha) - \lambda}{1 + r}, \tag{1}$$

3. Dans un équilibre séparatif, les bonnes firmes n'ont pas la même valeur que les mauvaises. Dans un équilibre joint toutes les firmes, quelle que soit leur qualité, ont le même prix.

4. CAPM (Capital Asset Pricing Model) est le modèle d'équilibre des actifs financiers conçu par Sharpe (1964) et Lintner (1965).

où $g(\alpha)$ est le flux de fonds espéré tel qu'il est perçu par le marché; λ, la prime de risque compte tenu de $\widetilde{X}$ et r, le taux sans risque.

Soit K, le montant de l'investissement. Par hypothèse, l'investissement dans les projets de mauvaise qualité n'est pas profitable, d'où :

$$\frac{\mu_1 - \lambda}{1 + r} < K.$$

L'entrepreneur a la possibilité d'investir dans le portefeuille de marché (X), l'actif sans risque (b) et les actions. Il résout le programme d'optimisation suivant :

$$\text{Max } E[-\exp(-\alpha\widetilde{W})] \text{ sous la contrainte } \widetilde{W} = \alpha(\mu+\widetilde{\varepsilon})+b(1+r)+\widetilde{X}(1+\widetilde{r_m})$$

avec $\widetilde{W}$ la richesse; $\alpha(\mu+\widetilde{\varepsilon})$, la rentabilité de la part du portefeuille investie en actions; $b(1+r)$, la rentabilité de la part du portefeuille investie en obligations sans risque et $\widetilde{X}(1+\widetilde{r_m})$, la rentabilité de la part du portefeuille investie dans le portefeuille de marché.

Par ailleurs, si les entrepreneurs ont vendu une part $(1-\alpha)$ des actions et conservé une part α d'action alors :

$$X + b + K = W_0 + (1-\alpha)V(\alpha). \tag{2}$$

En éliminant b de (2) et $V(\alpha)$ de (1), la contrainte s'écrit :

$$\widetilde{W} = \alpha(\mu + \widetilde{\varepsilon} + g(\alpha) + \lambda) + X(\widetilde{r_m} - r) + (W_0 - K)(1+r) + g(\alpha) - \lambda.$$

Tous les termes sont des constantes sauf $\widetilde{\varepsilon}$ et $\widetilde{r_m}$ qui suivent une loi normale. W suit donc également une loi normale. Le problème de maximisation s'écrit[5] :

$$\begin{aligned}\text{Max } (\alpha[\mu - g(\alpha) + \lambda] + X[E(\widetilde{r_m}) - r] + (W_0 - K)(1+r) + g(\alpha) \\ -\lambda - \frac{a}{2}[\alpha^2\sigma_\varepsilon^2 + X\sigma_m^2 + 2\alpha X \text{ cov } (\widetilde{r_m}, \widetilde{\varepsilon})]).\end{aligned}$$

La condition de premier ordre s'écrit :

$$\frac{\delta W}{\delta \alpha} = \mu - g(\alpha) - (1-\alpha)g'(\alpha) - \alpha\gamma = 0 \tag{3}$$

avec $\gamma = \sigma_\varepsilon^2\sigma_m^2 - \left[\frac{\text{cov } (\widetilde{r_m}, \widetilde{\varepsilon})}{\sigma_m^2}\right]$.

5. $E(U(W + \widetilde{Z})) = E(U(W) + \widetilde{Z}U'(W) + \frac{1}{2}\widetilde{Z}^2$
$U''(W) + \text{cte} = U(W) + \frac{1}{2}\sigma_Z^2 U''(W)$.

Les non-informés choisissent $g(\alpha)$ de telle manière que $\alpha^*(\mu)$ soit solution de cette équation. De plus, par hypothèse, $g[\alpha^*(\mu)] = \mu$ assure que le signal n'est pas biaisé c'est-à-dire que le signal observé $\alpha^*(\mu)$ permet de déduire la vraie qualité de la firme, μ. En d'autres termes :

$$\mu \rightarrow \alpha^*(\mu) \rightarrow g(\alpha^*(\mu)) \rightarrow \mu.$$

Ainsi (3) devient $(1 - \alpha)g'(\alpha) = -\alpha\gamma$. L'ensemble des déductions possibles s'écrit :

$$g(\alpha) = -\gamma[\ln(1 - \alpha) + \alpha] + \text{cte}. \tag{4}$$

La figure 2 indique la relation entre la proportion d'actions détenue par les dirigeants et la qualité de la firme.

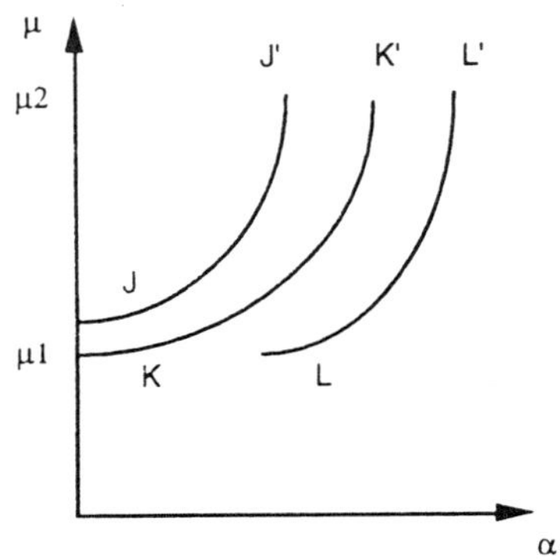

FIGURE 2
Relation entre la part d'actions détenue par les dirigeants et la valeur de la firme

Le problème à présent est de déterminer la constante de l'équation (4). Pour le résoudre, les propriétés d'un équilibre séparatif efficient sont utilisées :
– tous les projets à valeur actuelle nette positive sont adoptés;
– les projets à valeur actuelle nette nulle n'ont aucun coût de signal : $\alpha(\mu_1) = 0$ avec $\mu_1 = \lambda + (1 + \gamma)K$.

Toutes les firmes de qualité $\mu < \mu_1$ ne pourront émettre $V(0) = \dfrac{\mu - \lambda}{1 + r} = K$ pour financer leurs projets puisque le coût d'une telle émission est supérieur au bénéfice du projet. En effet, dans le cas de JJ' :

$$V_J(0) - K = \frac{1}{1 + r}[\mu_j(0) - \lambda] - K > 0 \quad \text{puisque} \quad \mu_j(0) > \mu_1.$$

Sans supporter aucun coût de signal, les mauvaises firmes peuvent adopter un projet qui leur procure un bénéfice. Les points sur la courbe JJ' ne constituent pas un équilibre dans la mesure où les mauvaises firmes peuvent émettre le même signal, sans coût puisque $\mu > \mu_1$, que celui des bonnes firmes. Sur la courbe KK', pour tout $\alpha > 0$, le plus petit montant d'actions exigé réduit l'utilité des firmes $\mu < \mu_K$ à un niveau inférieur à ce qu'il aurait été si elles avaient adopté le projet. La courbe LL' n'est pas optimale par rapport à KK' puisque les firmes auront une utilité supérieure en KK'. D'où la conclusion suivante $V(0) = K$ et $V(\alpha) > K$ pour $\alpha > 0$. Le coût du signal $(\alpha > 0)$ n'est supporté que pour les firmes ayant une qualité supérieure à μ_1. Ainsi, si la qualité de la firme est élevée, la part d'actions détenue par les dirigeants, α, est importante. Le financement du projet s'effectue principalement par l'endettement. Une émission de dette signale une valeur de la firme élevée. Une émission d'actions signale une baisse de la qualité de la firme.

Selon Leland et Pyle, pour un montant d'investissement donné, il existe une relation positive entre la fraction d'actions détenue par les dirigeants et la valeur de la firme. Trueman (1986) remet en cause ce résultat dans le cas où le montant de l'investissement est choisi de façon optimale par l'entrepreneur. Une hausse de la valeur de la firme se signale à la fois par le niveau de l'investissement et la fraction d'actions détenue par les dirigeants, α. Plus α est important, plus le niveau de l'investissement exigé sera faible. Une hausse du niveau d'investissement signale une hausse de la valeur de la firme et une diminution de la part d'actions détenue par les dirigeants α.

2. La structure financière et les décisions d'investissement

2.1. *Modèle de Myers (1977)*

Myers (1977) établit une relation entre l'augmentation de l'endettement de la firme et la politique sous-optimale d'investissement. La valeur V de la firme est la somme de la valeur des actifs en place, V_A, et des opportunités de croissance, V_G. Pour le reste de l'exposé, V_A est nulle et V_G constitue pour la firme une option d'investissement dans des états de la nature favorables. Ainsi, en $t = 0$, la firme achète cette option. En $t = 1$, les dirigeants adoptent les projets d'investissement si $V_s > I$, où I est le coût d'investissement et V_s la valeur de la firme dans l'état s. La figure 3 représente la décision d'investissement de la firme. La firme n'investit que si $s > sa$, avec sa représentant un état de la nature où le projet d'investissement a une valeur nette nulle.

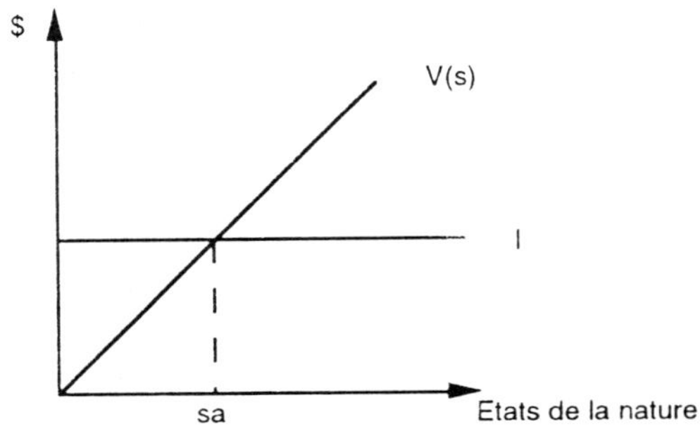

FIGURE 3
Décision d'investissement en cas de financement par actions

La valeur de la firme en $t = 0$ s'écrit : $V = \int_0^\infty q(s)X(s)[V(s) - I)]ds$, où $q(s)$ est le prix à la date 1 d'un dollar dans l'état s et $X(s)$ est une variable égale à 0 si $sa > s$ et égale à 1 si $sa < s$. Pour un financement exclusivement par actions, la valeur de la firme devient :

$$V = \int_{s_a}^\infty q(s)[V(s) - I]ds \qquad X(s) = 1.$$

Une émission de dette par la firme n'est pas sans risque. Avec un montant de remboursement P, la valeur de la firme doit atteindre une valeur $V(s_b)$, avec $s_a < s_b$, de manière à couvrir la charge de l'endettement. Si $V(s) - I > P$, il est dans l'intérêt des actionnaires de rembourser les obligataires. Si $V(s) - I < P$, les créanciers prennent le contrôle de la firme et exercent l'option d'investir si $V(s) > I$. La valeur de la dette en $t = 0$ est :

$$V_d = \int_{s_a}^\infty q(s)[\text{Min }(V(s) - I, P)]ds.$$

Si la dette arrive à échéance après expiration de l'option, le bilan de l'entreprise en $t = 1$ sachant $X(s) = 1$ s'écrit :

Actif	*Passif*
Valeur des nouveaux actifs acquis $V(s)$	Valeur de la dette Min $(V(s), P)$ Valeur des actions Max $(0, V(s) - P)$

L'option est exercée lorsque $V(s) > I + P$. La figure 4 retrace la décision d'investissement.

L'endettement de la firme diminue donc les possibilités d'investissement et toute augmentation de la valeur de la firme va entièrement aux obligataires et non aux actionnaires. Une émission de dette conduit à refuser des

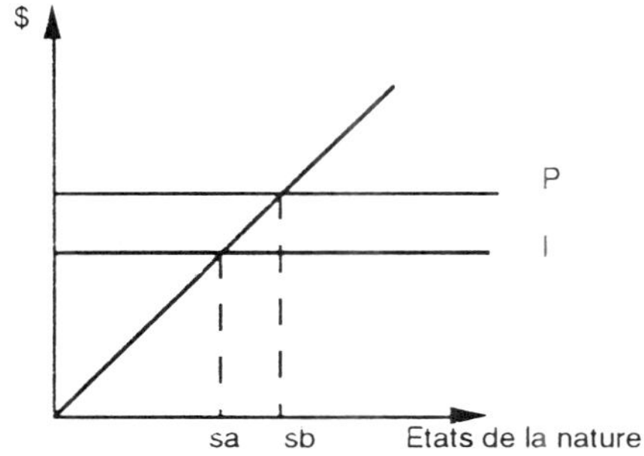

FIGURE 4
Décision d'investissement en cas de financement par dette

opportunités d'investissement et donc fait baisser la valeur de la firme. C'est le problème classique du sous-investissement en finance [6].

2.2. *Modèle de Myers et Majluf (1984)*

A l'opposé, Myers et Majluf (1984) montrent que les dirigeants qui maximisent la richesse des actionnaires initiaux préfèrent financer un projet d'investissement à valeur actuelle nette positive par un financement interne ou une émission de titres autres que des actions. Avant d'étudier leur modèle, considérons un exemple qui permet de mettre en évidence la décision d'investissement des dirigeants. Soient deux états de la nature, $i = 1, 2$. En $t = 0$, les dirigeants ont la possibilité soit d'investir, soit de ne rien faire. Le montant des fonds propres de la firme est nul, $S = 0$. Le tableau 1 indique la valeur des actifs en place en $t = 1$.

Dans un bon état de la nature, $i = 1$, la valeur des actifs en place est égale, si l'investissement initial est $I = 100$, à $250 + 100 = 350$. Le montant des nouvelles actions est égal à $E = 100$. Soit P', la valeur de marché en $t = 0$ des anciennes actions; s'il y a émission :

$$P' = E(A) = E(A/i = 1) + E(A/i = 2);$$

donc :

$$P' = \frac{250 + 100}{2} + \frac{130 + 100}{2} = 190.$$

– Si $i = 1$.

En $t = 0$, par hypothèse, les dirigeants connaissent les états de la nature. La vraie valeur de la firme V est égale à la somme de la valeur de la firme

6. Voir Kim et Maksimovic (1990) pour une étude empirique de ce problème.

TABLEAU 1
Valeur des actifs en place

	$i = 1$	$i = 2$
Pas d'émission	250	130
Emission et investissement	350	230

avant, V^a, et après, V^n, la décision d'émission :

$$V = V^a + V^n = 250 + 100 = 350.$$

La valeur de marché de la firme est égale à $P' + E = 190 + 100 = 290$:

$$V^a = \frac{P'}{P' + E} V = \frac{190}{290} * 350 = 229,31,$$

et

$$V^n = \frac{E}{P' + E} V = \frac{100}{290} * 350 = 120,69.$$

– Si $i = 2$

En $t = 0$, la vraie valeur de la firme s'écrit $V = 130 + 100 = 230$. La valeur de marché est égale à $P' + E = 290$:

$$V^a = \frac{190}{290} * 230 = 150,69 \text{ et } V^n = \frac{100}{290} * 230 = 79,31.$$

Le tableau 2 indique le gain des anciens actionnaires en $t = 1$.

TABLEAU 2
Valeur des anciennes actions en $t = 1$

	Pas d'émission	*Emission et investissement*
$i = 1$	250	$229,31$
$i = 2$	130	$150,69$

Dans les bons états de la nature, si les dirigeants maximisent la richesse des anciens actionnaires, aucune décision d'investissement n'est prise et la firme n'investit pas puisque les actions sont sous-évaluées par le marché $(229,31 < 250)$. Au contraire, dans les mauvais états de la nature, la firme émet des actions et investit, les actions étant sur-évaluées par le marché. Formellement, le modèle comporte trois périodes et se décrit de la façon suivante :

– en $t = 0$, l'information est symétrique; les dirigeants connaissent uniquement la distribution des actifs en place (a), les opportunités d'investissement (b) et le montant des fonds propres (S). Les dirigeants annoncent une émission d'actions ou d'obligations pour financer leurs projets;

– en $t = 1$, l'information est asymétrique. Les dirigeants connaissent la valeur des actifs, les opportunités d'investissement et les fonds propres. L'émission se réalise;

– en $t = 2$, l'information est symétrique pour tous les agents.

Soit $V^a(a, b, E)$ la valeur des actions détenues par les actionnaires initiaux, où E est la valeur des actions. Les dirigeants, qui maximisent V^a, investissent en $t = 0$, uniquement si la valeur de V^{old} après l'émission est supérieure à sa valeur initiale. En d'autres termes, si S est le montant des fonds propres compris entre $[0, I]$ et V^a la valeur de marché des anciens actionnaires en $t = 1$, alors :

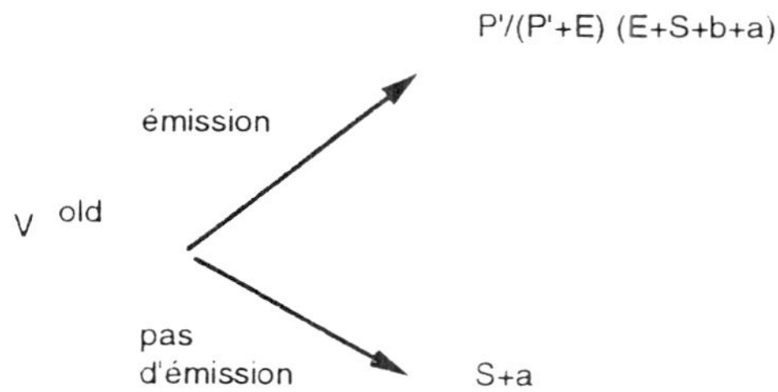

avec P', la valeur de marché des anciens actionnaires en $t = 0$ en cas d'émission, et P la valeur de marché des anciens actionnaires en $t = 0$ s'il n'y a pas d'émission.

Les dirigeants décident d'investir si la richesse des anciens actionnaires après l'émission est supérieure à celle sans émission, soit :

$$S + a \leqslant \frac{P'}{P' + E}(E + S + a + b),$$

d'où : $$P'(S + a) + E(S + a) \leqslant P'(E + b) + P'(S + a),$$

donc :

$$(S + a)\frac{E}{E + b} \leqslant P'. \qquad (1)$$

En d'autres termes, $(S + a)\dfrac{E}{P' + E} \leqslant (E + b)\dfrac{P'}{P' + E}$.

Le terme de gauche indique la proportion des anciens actifs détenue par les nouveaux actionnaires et le terme de droite représente la proportion des nouveaux actifs détenue par les anciens actionnaires. $(S + a)\dfrac{E}{P' + E}$

constitue l'importance de la dilution de la richesse des anciens actionnaires et $(E+b)\dfrac{P'}{P'+E}$ est le montant d'investissement nécessaire pour acquérir des actifs profitables. L'émission est un arbitrage pour les anciens actionnaires entre le coût de dilution et les profits attendus des projets à valeur actuelle nette positive. En arrangeant les termes de l'équation (1), $b \geqslant (b+a)\dfrac{E}{P'} - E$. La figure 5 retrace les caractéristiques de cette équation.

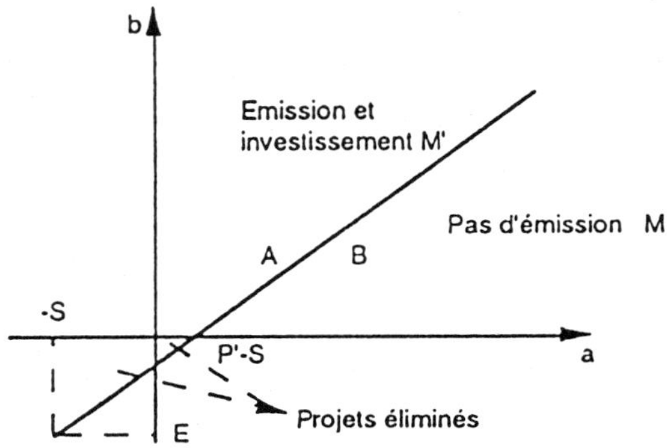

FIGURE 5
Décision d'émission et d'investissement

Les projets à valeur actuelle nette négative ($b < 0$) sont éliminés puisque les dirigeants maximisent la richesse des anciens actionnaires. En A, la décision d'investissement repose sur des actifs en place qui ont une valeur inférieure à B. Plus faible est a, et plus attrayant sera le prix d'émission P'. Par contre, plus élevé est b, plus le gain des anciens actionnaires est important lors de l'émission et de la décision d'investissement. En définitive, dans ce modèle, la décision d'émettre des actions fait toujours baisser la valeur des actions puisque $P' < P$. En effet, si $\widehat{A}$ est la fonction de distribution de la valeur des actifs en place et si $A(\overline{M})$ est la valeur attendue des actifs en place en absence d'émission, alors $P = A(\overline{M}) + S$. Si M n'est pas vide, la figure 5 montre que toutes les réalisations de a appartenant à M sont supérieures à $P' - S$, d'où $A(\overline{M}) > P' - S$. Comme $P - S = \overline{A(M)}$, $P - S > P' - S$ impliquent que $P > P'$. Ainsi, $P > P'$ parce que rationnellement les investisseurs interprètent la décision de ne pas émettre comme une indication positive sur la vraie valeur de la firme.

Ainsi, parmi les modes de financement auxquels elle peut avoir recours, une firme préférera utiliser en priorité ses fonds propres puis, si ceux-ci ne sont pas suffisants, des titres autres que les actions. L'émission d'actions transmet deux informations distinctes :

– les firmes sont surévaluées par le marché;

– l'asymétrie d'information est faible, le coût de dilution est compensé par l'acquisition d'actifs profitables, l'impact à l'annonce de l'émission est nul.

Le modèle de Myers et Majluf (1984) explique aussi le choix d'une structure financière. Si une émission d'actions est décidée, alors $V^a = a + b + I - E_1$, où E_1 est la valeur des nouvelles actions en $t = 1$ lorsque les investisseurs ont appris a et b. Le prix de l'émission en $t = 0$ est $E = I - S$. Donc $V^a = S + a + b - (E_1 - E) = S + a + b - \Delta E$. ΔE est le gain ou la perte en capital des nouveaux actionnaires. La firme n'émet et n'investit que si $S + a \leqslant S + a + b - \Delta E$ où $b \geqslant \Delta E$. La valeur actuelle nette du projet doit être supérieure ou égale au gain en capital des nouveaux actionnaires.

L'analyse d'une émission de dette conduit à la même conclusion : la firme n'émet et n'investit que si $b \geqslant \Delta D$. Si la dette est sans risque $D_1 = D$, la valeur de la dette en $t = 1$ est indépendante de l'information révélée aux investisseurs et la firme émet si $b \geqslant 0$. La dette sans risque est un mode de financement équivalent aux fonds propres. Le gain supplémentaire d'une émission d'actions est $b - \Delta E$. Celui d'une émission d'obligations est $b - \Delta D$. L'émission d'actions signale une perte en capital certaine pour les nouveaux actionnaires puisque dans ce cas :

$$b - \Delta E > b - \Delta D \quad \text{d'où} \quad \Delta E < \Delta D.$$

En d'autres termes, si la firme annonce en $t = 1$ que le projet est financé par une émission de dette, en $t = 0$, les dirigeants ne peuvent pas modifier leur décision parce que les investisseurs anticipent une perte en capital ($\Delta E < 0$) et refusent d'acheter. D'un autre côté, si les dirigeants annoncent une émission d'actions en $t = 1$, ils devront revenir sur cette décision en $t = 0$ puisque $|\Delta E| < 0$.

Un financement par actions a un double impact sur les cours. D'une part, l'émission signale une surévaluation de la firme par le marché, d'où une baisse des cours. D'autre part, comme les dirigeants adoptent uniquement des projets à valeur actuelle nette positive, l'effet de dilution est compensé par la perspective des gains de l'investissement. En cas de faible asymétrie d'information sur la valeur des actifs en place, l'émission n'a aucune influence sur le cours des actions.

Si le projet est financé par l'émission de dette, deux cas peuvent se produire. Dans le premier cas la dette est sans risque et s'assimile alors à des fonds propres. L'émission de dette sans risque n'a aucun impact sur les cours boursiers. Dans le deuxième cas, la dette est risquée, et selon la théorie des options un transfert de richesse aura lieu des anciens actionnaires vers les nouveaux obligataires, l'impact sur les cours est alors négatif. Toutefois, le gain en capital des obligataires étant moins important que celui des nouveaux actionnaires, en cas d'émission d'actions ($|\Delta D| < |\Delta E|$) [7] l'impact sur les cours est nettement moins important.

2.3. *Modèle de Narayanan (1988)*

Le modèle de Narayanan (1988), très proche de celui de Leland et Pyle (1977), conduit à un résultat similaire à celui Myers et Majluf (1984). A la différence de ces derniers, la décision d'investissement ne dépend pas de celle de financement mais est une variable exogène identique pour toutes les firmes. Par ailleurs, comme pour Leland et Pyle (1977), il s'agit d'un «screening model» : les non-informés présentent une fonction de déduction qui va permettre à la firme de se signaler. Formellement, le modèle se présente de la manière suivante.

La production V de la firme dépend de sa qualité, n, et de l'investissement, I. $V(n, I)$ est supposée monotone croissante en n : meilleure est la qualité de la firme, plus la production attendue ou la qualité des projets est élevée. Les investisseurs connaissent uniquement la fonction de distribution de n. Les fonds propres, w, de la firme sont connus de tous les investisseurs et sont indépendants de la qualité de la firme ($w > 0$). Dans un premier temps, la firme cherche à émettre des actions afin de financer son projet pour un montant $(I-w)$. Le marché assigne une valeur v_s aux firmes ayant un montant de fonds propres w :

$$v_s = \int V dF_s(V),$$

où $F_s(V)$ est la fonction de distribution de la qualité de la firme. Pour émettre $(I-w)$, la firme doit vendre une fraction $\frac{I-w}{v_s}$ de ses actions aux investisseurs avec un profit attendu $P_s(V)$:

$$P_s(V) = V\left[1 - \frac{(I-w)}{v_s}\right] - w.$$

A l'équilibre, la qualité moyenne observée par le marché, pour un niveau w, est correcte c'est-à-dire qu'il existe $V = V_s^*$ tel que $P_s(V_s^*) = 0$. Soit :

$$V_s^* = w + \frac{V_s^*(I-w)}{v_s}.$$

La valeur actuelle nette du projet est égale à son coût de financement. Ainsi, seules les firmes ayant un profit positif émettront des actions pour

7. Selon la théorie des options, les actions, étant des options d'achat sur la valeur de la firme, ont une forme concave conduisant en valeur absolue à des changements en amplitude plus importants que la dette.

financer leurs projets, signalant ainsi une qualité $V > V_s^*$. A l'équilibre la qualité moyenne des firmes perçue par le marché, v_s, est correcte et égale à V_s. V_s se déduit de la chaîne suivante :

$$w \to v_s \to P_s(V) \to V_s.$$

Les investisseurs déduisent w, la qualité moyenne des firmes sur le marché, puisque :

- $P_s(V)$ est monotone croissante en V ;
- V est monotone croissante en n.

Toutefois, Narayanan montre qu'il existe des firmes de qualité $V < V_s^* < I$ sur le marché. Les investisseurs, n'observant que la qualité moyenne des firmes $V < V_s^*$, peuvent tout de même émettre si le bénéfice de la surévaluation est supérieur au coût de financement. En définitive, lorsqu'il existe une asymétrie d'information sur la valeur des projets, un problème de surinvestissement apparaît, c'est-à-dire que des projets à valeur actuelle nette négative sont adoptés. Le financement par endettement est analysé de la même manière que le financement par émission d'actions. Soit $D(V, B)$, la valeur attendue d'une dette d'un montant nominal B émise par une firme de qualité V. Le profit attendu de l'émission d'obligations s'écrit :

$$P_d(V) = \int_B (y - B) dG_V(y) - w, \tag{1}$$

avec B, la valeur faciale de la dette; y, la production de la firme; G_V est la fonction de distribution de la production de la firme de qualité V. La valeur faciale de la dette est donnée par :

$$I - w = \int_V \left(\int_0^B dG_V(y) + \int_B B dG_V(y) dF_d(V) \right), \tag{2}$$

où $F_d(V)$ est la fonction de distribution de la qualité des firmes qui émettent des obligations. $P_d(V)$ est monotone croissante en V. Pour chaque w, il existe V_d^* tel que $P_d(V_d^*) = 0$. V_d^* correspond à la firme qui, compte tenu de w, a un profit nul en émettant des obligations pour financer son projet.

A l'équilibre, la perception de la qualité des firmes est correcte et égale à V_d. Toutefois, Narayanan montre que des firmes déficitaires (c'est-à-dire telles que $V < V_d^* < I$) subsistent sur le marché, comme dans le cas d'une émission d'actions. En effet :

$$I - w = \int_0^B y dG_{Vd}(y) + \int_B B dG_{Vd}(y) = D(V_D, B); \tag{3}$$

de plus, d'après les équations (1) et (2) :

$$w = \int_B (y - B) dG_{V d^*}(y) = V_d^* - D(V_d^*, B). \quad (4)$$

En additionnant membre à membre les équations (3) et (4) il vient :

$$I = D(V_d, B) + V_d^* - D(V_d^*, B) > V_d^*.$$

Si sur les deux marchés il existe des passagers clandestins, c'est-à-dire des firmes qui présentent des projets à valeur actuelle nette négative, existe-t-il un avantage à émettre des actions plutôt que de la dette?

Le financement par dette permet de sélectionner des projets à valeur actuelle nette positive supérieure à ceux obtenus par un financement par actions, soit $V_d^* > V_s^*$. Si $V_d^* < V_s^*$, alors pour toutes les firmes de qualité $V > V_d^*$, $P_d(V) > P_s(V)$. En effet, $P_s(V)$ est une fonction linéaire croissante de V avec $P_s(0) = -w$ et $P_d(V)$ est une fonction convexe croissante avec $P_d(0) = -w$. La figure 6 retrace les profils de gains des firmes émettant des actions ou des obligations.

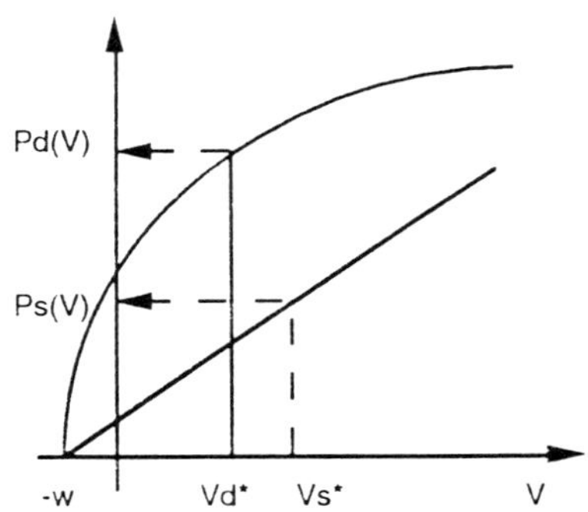

FIGURE 6

Profil de gain des firmes à la suite d'une émission d'actions et d'obligations

D'où $P_d(V) > P_s(V)$. Plusieurs cas peuvent être distingués :

– si $V_d^* > V > V_s^*$, la firme se finance sur le marché des actions et signale par conséquent que sa valeur est bien inférieure au point critique du financement par dette;

– si $V_d^* < V < V_s^*$, la firme se finance par obligations. Or, quelle que soit sa situation financière, $P_d(V) > P_s(V)$. Ainsi, si elle est déficitaire $(V < V_s^* < I)$, ceci n'est possible que s'il existe une réduction de richesse, des firmes présentes sur le marché, en sa faveur. Ce résultat étant absurde, on doit avoir $V_d^* > V_s^*$.

Le point de rupture des projets à valeur actuelle nette nulle se situe en V_d^*. Un financement par obligations conduit à une réaction positive des cours, le marché anticipant que la valeur actuelle nette du projet est supérieure à V_d^*. Le problème de sur-investissement est moins important en cas d'émission de dette puisque $V_d^* > V_s^*$. Les firmes qui ont une qualité $V < V_d^*$ émettent de la dette si elles en tirent un profit, et n'investissent pas dans le cas contraire. L'endettement signale une valeur actuelle nette du projet supérieure et une sur-évaluation par le marché moins importante (car $(I > V_d^* > V_s^*)$) qu'un financement par actions, d'où une réaction positive des cours.

2.4. *Modèle de Blazenko (1987)*

De la même manière que Myers et Majluf, Blazenko (1987) interprète les décisions de financement comme un moyen de signaler aux investisseurs la valeur de la firme. Dans le cas où il n'y a pas d'asymétrie d'information, les dirigeants préfèrent émettre des actions plutôt que de la dette en raison de l'augmentation du risque de faillite de la firme provoquée par l'émission de dette. En cas de réussite du projet, les actionnaires ont davantage de revenus s'il est financé par actions mais perdent moins, en cas d'échec du projet, si le financement est par dette. Les deux modes de financement ayant la même valeur attendue, les dirigeants choisissent de se financer par actions puisque la volatilité de la rentabilité du projet est plus faible.

Dans le cas d'une asymétrie d'information sur la valeur future des projets, le raisonnement est proche de celui de Myers et Majluf (1984). Si les actions sont sous-évaluées, les dirigeants émettent de la dette signalant ainsi la sous-évaluation. De plus, l'émission signale aux investisseurs un projet à valeur actuelle nette élevée puisqu'ils connaissent la préférence des dirigeants pour les émissions d'actions. L'émission de dette traduit donc une forte probabilité de succès du projet et donc une rentabilité élevée de la firme.

Le signal par la dette n'est crédible que si l'aversion au risque des dirigeants est importante et si la préférence pour l'émission d'actions est élevée. Si les dirigeants ont une faible aversion pour le risque, ils émettent de la dette même si les investisseurs estiment qu'une émission de dette est liée à une faible qualité du projet.

Une émission de dette a un impact positif sur les cours puisqu'elle signale une sous-évaluation de la firme. Au contraire, une émission d'actions signale une surévaluation de la firme et a donc un impact négatif sur les cours.

Dans le même sens, Giammarino et Lewis (1988) montrent qu'une émission d'actions n'est pas forcément suivie d'une chute des cours. La réaction négative à l'annonce résulte de l'asymétrie d'information entre les investisseurs et les dirigeants. S'il n'y a pas d'asymétrie d'information, aucun impact n'est décelé sur les cours.

2.5. *Modèle de Lucas et McDonald (1990)*

Lucas et McDonald (1990) s'intéressent plus particulièrement aux émissions d'actions et montrent que (1) les cours des firmes ont en moyenne une rentabilité anormale positive avant l'annonce, et (2) les cours chutent brutalement au moment de l'annonce.

Formellement, le modèle se décrit de la façon suivante. En $t = 0$, les investisseurs connaissent la distribution de probabilité de la valeur A_t des actifs et la valeur actualisée des opportunités d'investissements futurs. A chaque période, le marché reçoit de l'information sur la valeur des actifs en place.

$$A_{t+1} \begin{cases} uA_t \text{ avec une probabilité } (1-p) \\ dA_t \text{ avec une probabilité } p \end{cases}$$
$$u > 1 > d$$

Le raisonnement peut être résumé par le schéma suivant :

	Les dirigeants connaissent la valeur des actifs en place de la prochaine période	Annonce de l'émission d'actions
Information symétrique	Le marché connaît la valeur des actifs en place de cette période	Le marché achète les actions

Les dirigeants maximisent la richesse des anciens actionnaires. Le financement du projet nécessite une émission d'actions d'un montant KA_t. Afin de connaître l'effet d'annonce de l'émission, les cours immédiatement avant et après annonce sont comparés.

a) *avant l'annonce*

Les dirigeants ont une information privée à la date t sur la hausse (uA_t) ou la baisse (dA_t) des actifs en place et sur l'existence d'un projet. Le tableau 3 indique les quatre cas qui se présentent. L'émission d'actions étant plus coûteuse pour les firmes sous-évaluées que pour les firmes surévaluées en raison de l'effet de dilution; les premières préfèrent ne pas émettre et adoptent par conséquent une politique de sous-investissement. Ainsi, si les firmes surévaluées n'ont pas de projet, aucune firme n'émet. L'équilibre a donc les propriétés suivantes :

– les firmes sous-évaluées n'émettent pas d'actions, même si elles ont des projets à valeur actuelle nette positive;

– les firmes surévaluées avec des projets à valeur actuelle nette positive émettent;

– les firmes surévaluées sans projet n'émettent pas;

– les investisseurs reçoivent une fraction d'actions de la firme de telle manière que la valeur attendue de leur action est égale au montant investi, KA_t.

TABLEAU 3
Valeur future des actifs

	Sous-évaluation	*Sur-évaluation*
Projet	$V(u, b_h)$	$V(d, b_h)$
Pas de projet	$V(u, b_l)$	$V(d, b_l)$

Soit q_i, la probabilité qu'il se produise i augmentations consécutives de la valeur des actifs d'une firme. Dès lors, la probabilité d'avoir un projet est égale à 1 moins la probabilité de ne pas en avoir depuis la première hausse de la valeur des actifs :

$$q_n = 1 - (1 - q)^{n+1},$$

où $n = 0, 1, 2 \ldots$ est le nombre de hausses. $P(n)A_t$ est le cours à la date t juste avant l'annonce de l'émission. Soient q_n et p la probabilité que les dirigeants aient observé la hausse des actifs, alors $P(n)$ se définit comme :

$$P(n) = p[q_n V(u, b_h) + (1 - q_n)V(u, b_l)] + (1 - p)[q_n V(d, b_h) + (1 - q_n)V(db_l)].$$

Le cours de la firme augmente avec le nombre de hausses consécutives de la valeur de ses actifs.

b) *après l'annonce*

La valeur de la firme est $V(d, \beta_h)$. Seules les firmes surévaluées ayant un projet émettent des actions. L'effet d'annonce est donné par $V(d, \beta_h) - P(n)$. Deux cas doivent être distingués :

– $P(n) = 0$: le cours de la firme n'a pas augmenté avant l'annonce en raison d'une absence de hausse de la valeur de ses actifs. La firme émet alors uniquement parce qu'elle est surévaluée et qu'elle a un projet. La chute des cours à l'annonce sera d'autant plus importante que la surévaluation est forte;

– $P(n) > 0$, le cours de la firme a augmenté avant l'annonce de l'émission en raison de la hausse de la valeur de ses actifs. Si l'asymétrie d'information est importante, les firmes de bonne qualité préfèrent attendre avant d'émettre. L'émission est donc précédée d'une hausse des cours dont l'amplitude dépend de celle de l'asymétrie d'information. Le comportement des cours d'une firme à l'annonce de l'émission dépend du degré d'asymétrie d'information entre les dirigeants de cette firme et les investisseurs.

En ce qui concerne l'émission de dette, le principe est similaire. Si la firme est sous- évaluée, elle préfère attendre que le marché perçoive correctement sa valeur. Si la firme est surévaluée, les cours avant l'émission ont augmenté et chutent à l'annonce de l'émission. Les émissions de dette et d'actions ont un impact négatif sur les cours. Toutefois, si l'asymétrie d'information est faible, l'annonce du financement n'a pas d'impact.

Kim (1990) étudie le partage du risque de la firme en fonction du mode de financement. Les anciens actionnaires, en vue de partager le risque de la firme avec les nouveaux actionnaires, acceptent une dilution de leur richesse. Le financement par actions signale une faible qualité de la firme ou une baisse des bénéfices futurs. Lors d'un financement par dette, les anciens actionnaires supportent seul le risque. Ce mode de financement est donc choisi par les firmes de qualité élevée et qui anticipent une hausse de leurs bénéfices futurs. Un financement par obligations convertibles conduit à un partage du risque au fur et à mesure que ce dernier augmente. La réaction des cours à l'annonce d'une émission d'actions signale donc une information moins favorable qu'une émission de dette. L'annonce d'une émission d'obligations convertibles a un effet intermédiaire entre ces deux modes de financement.

2.6. *Explication empirique*

Loderer, Cooney et Van Drunen (1991) remettent en cause l'asymétrie d'information comme explication de la chute des cours des actions. Ces auteurs mesurent l'effet informationnel par les bénéfices prévisionnels. Pour chaque annonce d'émission d'actions en numéraire, ils calculent :

$$\Delta EPSF_{T+j} = \log\left(\frac{EPSF_{T+j}}{EPSF_{T-i}}\right),$$

avec $EPSF_{T-i}$, la prévision des bénéfices par action (BPA) i mois avant l'offre; $EPSF_{T+j}$, la révision des BPA j mois après l'offre.

Ensuite, la moyenne des $\Delta EPSF_{T+j}$ est calculée sur l'ensemble des firmes. Les résultats montrent qu'il n'existe aucune relation entre les émissions d'actions et les prévisions ou les révisions de BPA. Ces opérations financières ne signalent donc pas une information défavorable sur les cash-flows futurs de la firme. Dès lors, les auteurs expliquent la réaction des cours par le concept d'élasticité des prix, défini de la manière suivante :

$$INVELAS = \frac{\Delta P_{cj}}{P_{cj}} * \frac{S_j}{\Delta S_j},$$

où INVELAS représente la réaction à l'annonce, $\frac{\Delta P_{cj}}{P_{cj}}$, multiplié par le rapport du nombre d'actions existant avant l'annonce et du nombre de nouvelles actions, $\frac{S_j}{\Delta S_j}$. La régression suivante est alors effectuée :

$$INVELAS = \mu_0 + \mu_1 \text{Var} + \mu_2 \text{Size} + \mu_3 \text{Base} + \mu_4 \text{Info} + \varepsilon_{jt},$$

où Var est la variance des rentabilités du titre, Size est la taille de l'émission, Base est le volume de transaction du titre et enfin Info est l'effet d'information mesuré par $\frac{\Delta P_p}{P_p}$, qui est l'impact sur les actions préférentielles de l'annonce d'une émission d'actions.

Les coefficients de toutes ces variables sont significatifs. La chute des cours à l'annonce d'une émission est une fonction décroissante de la liquidité du titre et une fonction croissante de l'hétérogénéité d'information. Toutefois, ces régressions n'expliquent qu'en partie la variation des cours à l'annonce indiquant que l'effet à l'annonce des émissions d'actions ne peut s'expliquer entièrement par l'élasticité des prix. En définitive, l'explication d'une asymétrie d'information doit être rejetée en faveur de celle de l'élasticité des prix, même si cette dernière est insuffisante pour expliquer la chute des cours. L'ensemble des résultats, décrit dans cette section, est récapitulé dans le tableau 4.

TABLEAU 4
L'asymétrie d'information et les décisions d'investissement

	Asymétrie d'information	*Emission de dette augmente avec*	*Impact sur le cours des actions*
Myers (1977)		Sous-investissement	Dette : négatif* Actions : négatif
Myers et Majluf (1984)	Actifs en place et opportunités de croissance	Sous-évaluation	Dette sans risque : nul Dette : négatif Actions : négatif
Blazenko (1987)	VAN du projet	Sous-évaluation	Dette : positif Actions : négatif
Giammarino et Lewis(1988)	VAN du projet	Sous-évaluation	Dette : positif Actions : négatif
Narayanan (1988)	VAN des projets	Sous-évaluation	Dette : positif Actions : négatif
Kim (1990)	VAN du projet	Sous-évaluation	Dette : négatif Actions : positif
Lucas et McDonald (1990)	Actifs en place et opportunités d'investissement	Sous-évaluation	Dette : négatif Actions : positif

3. Le signal donné par la structure financière

Les dirigeants disposent d'informations plus complètes sur la valeur des actifs en place et sur les opportunités d'investissement que les investisseurs. Une modification de la structure financière constitue un signal sur l'évolution des bénéfices futurs et sur la vraie valeur de la firme. Ross (1977) considère une asymétrie d'information portant sur la distribution des rentabilités de la firme. Le modèle suppose que les dirigeants sont intéressés aux résultats de l'entreprise et subissent une pénalité en cas de faillite. Chaque firme dispose donc d'un niveau critique d'endettement que les dirigeants n'ont pas intérêt à dépasser puisqu'ils augmenteraient le risque de faillite de la firme et diminueraient leur intéressement.

Ainsi, une augmentation de la dette signifie une hausse du niveau critique, donc une anticipation de la croissance des bénéfices futurs de la firme, d'où une réaction positive des cours à l'annonce de l'émission d'obligations. Une émission d'actions diminue le ratio dette/actions et a donc un impact négatif sur les cours.

Heinkel (1982) considère un modèle similaire à celui de Ross (1977) où l'asymétrie d'information porte sur la valeur de la firme et sur la valeur de la dette. Par exemple, si les dirigeants savent que les actions sont sous-évaluées alors que la dette est surévaluée, ils émettent de la dette pour financer leur investissement. Le modèle repose sur les hypothèses suivantes :

- $\frac{\partial V}{\partial n} < 0$: la relation positive entre la valeur de la firme et son risque conduit à une corrélation négative entre la valeur de la firme et sa qualité. En effet, si la première relation n'est pas vérifiée, les firmes de faible qualité peuvent présenter une structure financière similaire à celle des firmes de bonne qualité. Ces dernières ne peuvent donc se distinguer des mauvaises firmes.
- $\frac{\partial L}{\partial n} > 0$: une hausse du montant de la dette augmente la qualité de la firme.

Dès lors, $\frac{\partial V}{\partial n} = \frac{\partial E}{\partial n} + \frac{\partial L}{\partial n}$ implique $\frac{\partial E}{\partial n} < 0$ où E est la valeur des actions de la firme après financement. Une firme à valeur élevée (faible n) a une dette moins risquée et est sous-évaluée sur le marché des actions. Une firme de bonne qualité (fort n) émet des actions pour bénéficier de sa sous-évaluation sur le marché des actions alors qu'une firme de mauvaise qualité émet de la dette pour bénéficier de la sous-évaluation sur le marché de la dette [8]. Les firmes à fort risque émettent davantage de dette que les firmes à faible risque

8. Ce résultat est identique à ceux de Myers et Majluf (1984) et Lucas et McDonald (1990).

($\frac{\partial F^*(n)}{\partial n} < 0$, où F est la valeur faciale de la dette). Ainsi, puisque $\frac{\partial V}{\partial n} < 0$, les firmes à valeur élevée auront un montant de dette plus important. Par conséquent, la valeur d'une entreprise et son coefficient d'endettement sont positivement corrélés.

Miller et Rock (1985) considèrent qu'une émission de titres est liée à une baisse des bénéfices anticipés [9]. En effet, l'amplitude et le signe de la variation des cours à l'annonce d'une émission d'actions ou d'obligations dépendent de la relation entre l'investissement optimal I^* et l'anticipation des bénéfices avant l'annonce, $E(X_1)$. Si les prévisions des investisseurs sur les bénéfices attendus sont supérieures au montant de l'investissement, il y a une révision à la baisse de leur anticipation. Le financement est alors une mauvaise nouvelle. En d'autres termes, le marché espère que tout investissement sera financé par les bénéfices. Par conséquent, une émission de dette ou d'actions a un impact négatif sur les cours.

Un récapitulatif des modèles traitant de la structure financière comme un signal sur le niveau des bénéfices futurs est présenté dans le tableau 5. Le signal transmis par les dirigeants aux actionnaires pour manifester la qualité de la firme prend différentes formes. Soit il est constitué par les proportions d'actions détenues par les dirigeants (Leland et Pyle (1977)), soit il s'interprète à partir des décisions d'investissement adoptées par les dirigeants ((Myers (1977), Myers et Majluf (1984)), soit encore il peut être donné par la structure financière même des entreprises (Ross (1977), Heinkel (1982)). Quelle que soit sa forme, le signal permet d'indiquer aux actionnaires la qualité de la firme telle qu'elle est estimée par les dirigeants.

TABLEAU 5

Asymétrie d'information et structure financière

Auteurs	*Asymétrie d'information*	*Impact sur le cours des actions*
Ross (1977)	Bénéfices futurs	Dette : positif Actions : négatif
Heinkel (1982)	Valeur de la firme et valeur de la dette	Dette : positif Actions : négatif
Miller et Rock (1985)	Rentabilité passée des investissements	Dette : négatif Actions : négatif

9. Pour ces auteurs, l'impact de l'annonce d'un financement externe est indépendant de l'actif émis parce que l'asymétrie de l'information repose sur la rentabilité des investissements passés. Le choix d'une émission d'actions ou d'obligations apporterait une information supplémentaire (Heinkel (1979), Myers et Majluf (1984)) si l'asymétrie reposait sur la rentabilité des investissements futurs.

CHAPITRE 4

Marché du contrôle et structure financière

Cette théorie ne s'intéresse pas aux différences de flux entre les actifs mais à l'allocation du contrôle que ces derniers génèrent. En effet, lors d'un appel de fonds externes, deux options sont possibles, soit émettre des obligations, qui augmentent le risque de faillite, soit émettre des actions, qui entraînent une dilution des droit des anciens actionnaires. Dans le premier cas, le contrôle est transféré des dirigeants aux investisseurs en cas de faillite, alors que dans le deuxième cas, quelle que soit la réalisation de l'état de la nature, le contrôle n'est pas transféré. Une modification de la structure financière influe donc sur l'allocation du contrôle de l'entreprise et par conséquent sa valeur.

1. L'explication par la théorie des jeux

En s'appuyant sur le principe de la théorie des jeux, Aghion et Bolton (1988) déduisent trois formes d'allocations de contrôle, résumées dans le tableau suivant :

	Etats de la nature	
	Bonne réalisation	*Mauvaise réalisation*
Actions sans droit de vote	Entrepreneurs	Entrepreneurs
Actions avec droit de vote	Investisseurs	Investisseurs
Obligations	Entrepreneurs	Investisseurs

Seule la dette confère un contrôle contingent à la réalisation d'un certain état de la nature. La faillite peut donc être considérée comme un moyen de transférer le contrôle des entrepreneurs aux investisseurs.

Récemment, Berglöf (1990) a présenté un modèle avec trois acteurs : les actionnaires, les obligataires et un rival externe qui envisage d'effectuer une prise de contrôle. Une émission d'actions sans droit de vote donne le contrôle aux entrepreneurs quel que soit l'état de la nature qui se réalise. Lorsqu'un rival apparaît, l'entrepreneur lui cède ses droits de vote uniquement s'il reçoit une compensation pour les bénéfices privés qu'il perd avec le contrôle de l'entreprise. Il est donc indifférent à une offre publique. Toutefois, dans un mauvais état de la nature il y a un conflit entre les investisseurs et les rivaux puisque la firme n'est pas liquidée et certains actifs sont vendus. Avec une émission d'actions avec droit de vote, le conflit d'intérêt est créé entre les entrepreneurs et les rivaux. Ces actions transfèrent le contrôle aux investisseurs quelle que soit la réalisation de l'état de la nature. Les investisseurs sont donc indifférents à l'arrivée d'un rival externe puisque ce dernier ne pourra acquérir le contrôle qu'en versant une compensation aux investisseurs. Par contre, les entrepreneurs et les rivaux sont en conflit puisque les premiers anticipent la perte de bénéfices privés et, si un mauvais état de la nature se réalise, la vente de certains actifs. La dette, contrat contingent à la réalisation de l'état de la nature, permet de résoudre ces problèmes. Le raisonnement est décrit dans la figure 1 comme un jeu sous forme extensive [1]. Lors d'une émission de dette, si l'état de la nature est favorable (q) et si l'offre publique réussie (p), la société est contrôlée par les rivaux (R). En cas d'échec de l'offre, les dirigeants gardent le contrôle. Si l'état de la nature est défavorable $(1 - q)$, et si l'offre publique réussit, les rivaux prennent le contrôle de l'entreprise. Par contre, en cas d'échec $(1 - p)$, les créanciers ont le contrôle.

Aghion, Dewatripoint et Rey (1990) admettent, au contraire de Berglöf (1990), une coexistence entre les actions et la dette du fait de la complémentarité entre ces deux titres. L'action permet d'augmenter la valeur de la firme en cas d'offre publique tandis que la dette permet le transfert du contrôle dans les mauvais états de la nature même si les dirigeants y sont opposés. Dans la catégorie des actions, seules celles avec droit de vote sont optimales car elles obligent le rival externe à céder ses gains anticipés aux actionnaires et constituent une motivation pour les dirigeants en place. L'émission d'obligations a deux effets contraires. D'une part, une augmentation du levier financier réduit le montant des bénéfices que pourraient utiliser les dirigeants pour se défendre contre une offre publique. En cas de perte du contrôle dans un mauvais état de la nature, aucune compensation n'est donnée. Les dirigeants sont donc incités à maximiser la valeur de la firme, ce qui a un effet positif sur le cours des actions. D'autre part, l'augmentation du levier d'endettement réduit le montant des bénéfices disponibles pour l'investissement dans des projets profitables et a donc un effet négatif sur les cours. Un arbitrage doit

1. Voir Kreps (1990) pour une définition d'un jeu sous forme extensive. Il s'agit d'un modèle qui explique en détail l'évolution dynamique de chaque situation possible. Le jeu commence à la racine d'un arbre. Les nœuds terminaux correspondent aux résultats tandis que les nœuds intermédiaires représentent les décisions à prendre au cours du jeu.

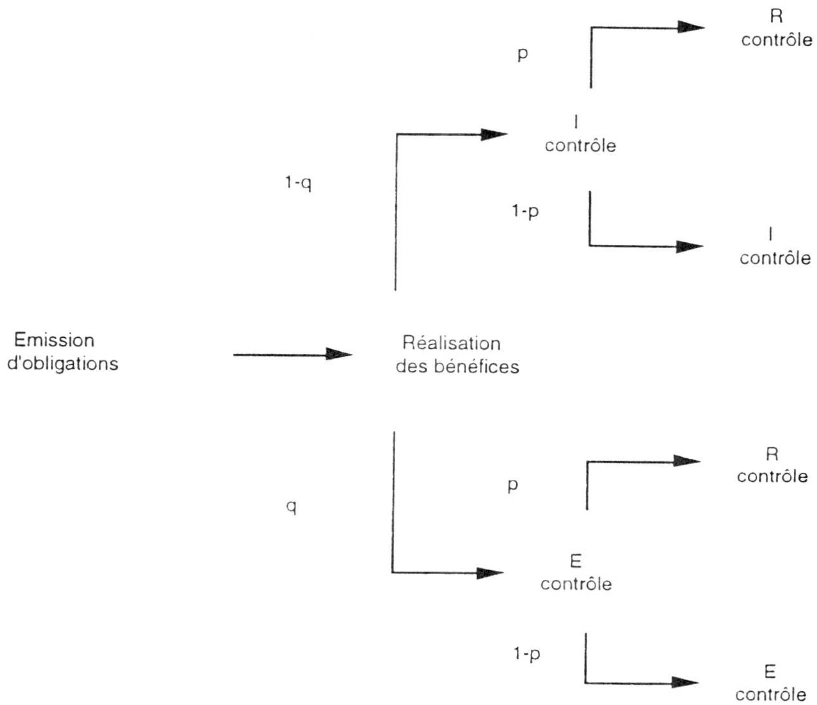

Note : R, E, I représentent respectivement les rivaux, les entrepreneurs et les investisseurs; p et q indiquent les probabilités de réussite d'une offre publique et de bonnes réalisations des bénéfices.

FIGURE 1
L'allocation du contrôle lors d'une émission de dette

être effectué entre la réduction des moyens de défense anti-OPA et la flexibilité de la politique d'investissement.

2. Modèle d'Harris et Raviv (1988)

Harris et Raviv (1988) déterminent une relation entre la fraction du capital détenue par les dirigeants et la valeur des actions. Les auteurs s'intéressent particulièrement à la capacité des dirigeants à manipuler les probabilités de succès d'une offre publique en fonction des actions qu'ils détiennent. Les auteurs s'intéressent uniquement à un changement à court terme de la structure financière. Les dirigeants utilisent la structure financière pour maintenir le contrôle sur l'entreprise. Le produit d'une émission de dette permet d'acheter des actions et donc de diminuer la fraction des droits de vote disponible pour les rivaux. A la suite d'une émission de dette, la part d'actions détenue par les dirigeants s'écrit :

$$\alpha_I(D) = \frac{\alpha Y(D)}{E(D)},$$

où $Y(D)$ et $E(D)$ représentent respectivement la valeur de la firme et celle des actions lorsque la valeur faciale de la dette est D, $\alpha Y(D)$ la valeur des anciennes actions détenues par les dirigeants après l'annonce de l'émission de dette. $E(D)$ exprime la valeur totale des nouvelles actions. La valeur de la firme Y dépend du niveau de la dette puisque le ratio d'endettement affecte l'allocation du contrôle. p_1 et p_2 représentent les probabilités de succès de l'offre publique dans les deux états de la nature possibles (mauvais et bon).

La part des actions détenue par l'équipe dirigeante rivale s'écrit :

$$\alpha_R(D) = \mathrm{Min}\left(\frac{W_R}{E(D)}, 1 - \alpha_I(D)\right),$$

où W_R est la richesse du rival. La part d'actions détenue par les actionnaires passifs s'écrit :

$$\alpha_P(D) = 1 - \alpha_I(D) - \alpha_R(D).$$

Afin de déterminer le niveau optimal d'endettement de la firme, trois cas sont considérés : l'offre publique échoue, donne lieu à une bataille boursière ou réussit.

(1) *Echec de l'offre publique*

Si les dirigeants détiennent initialement plus de 50% des droits de vote, une émission de dette n'est pas réalisée dans la mesure où elle augmente le risque de faillite et diminue le bénéfice du contrôle des dirigeants (Jensen (1986)).

$$\alpha + \pi_2 \left[1 - \alpha - \frac{W_R}{Y_I}\right] \geqslant \frac{1}{2}.$$

Par contre, si les dirigeants ne détiennent pas 50% des droits de vote, le niveau de la dette dépend de la proportion initiale des actions détenue par les dirigeants : W_I^*. Si $W_I^* > W_R$, le niveau optimal de la dette, D^U, satisfait

$$\frac{W_I^*}{E^U(D^U)} + \pi_2 \left[1 - \frac{(W_I^* + W_R)}{E^U(D^U)}\right] = \frac{1}{2}.$$

Si $W_I^* < W_R$, les dirigeants ne s'assurent une victoire que s'ils achètent au moins 50% des actions. De plus, si c'est le mauvais état de la nature qui se réalise, le rival peut acquérir les droits de vote des actionnaires passifs. Les dirigeants émettent donc de la dette afin d'acquérir 50% des droits de vote. Par conséquent :

$$\frac{W_I^*}{E^U(D^U)} = \frac{1}{2}.$$

(2) *Bataille boursière*

Dans une bataille boursière, la meilleure équipe dirigeante gagne. Si les dirigeants en place constituent la meilleure équipe, la condition d'échec de l'offre s'écrit :

$$\alpha + \pi_1 \left[1 - \alpha - \frac{W_R}{Y^P}\right] \geqslant \frac{1}{2},$$

où Y^P représente la valeur de la firme quand le niveau de la dette est tel qu'une bataille boursière se réalise. Dans ce cas, le niveau optimal de la dette est nul. Si la bataille boursière ne peut se produire sans émission de dette, sa réalisation dépend de la part du capital détenue par les dirigeants quand aucune dette n'est émise : αY^P. Deux cas se présentent :

– si $\alpha Y^P < W^R$, la part d'actions détenue par les dirigeants est inférieure à celle des rivaux. Les dirigeants doivent acquérir 50% des droits de vote pour écarter la possibilité d'une bataille boursière;

– si $\alpha Y^P > W^R$, les dirigeants émettent suffisamment de dette juste pour pouvoir acquérir 50% de droits de vote lorsqu'ils constituent la meilleure équipe dirigeante.

(3) *Réussite de l'offre publique*

La diminution du bénéfice du contrôle lors d'une émission de dette conduit les dirigeants, lorsqu'ils ne sont pas la meilleure équipe, à abandonner plutôt qu'à conserver le contrôle. De plus, si le rival constitue l'équipe la plus performante, en conservant le contrôle, les dirigeants en place ne réalisent pas de gain en capital sur leurs actions. Ainsi, selon Harris et Raviv, les offres publiques échouent lorsque les investisseurs anticipent que l'équipe dirigeante rivale est plus compétente que l'équipe en place. Dans ce cas, aucune dette n'est émise.

En définitive, en moyenne, les firmes cibles augmentent leur niveau d'endettement et au cours des batailles boursières ou d'offres ayant échouées, elles émettent plus de dette que les cibles d'offres réussies. Une émission de dette signale une probabilité non nulle d'offres publiques et entraîne donc une hausse des cours. Cette probabilité est négativement corrélée avec le ratio dette/actions. Par ailleurs, la prime de l'offre est positivement corrélée avec le levier d'endettement. D'où la conclusion : une émission d'obligations est accompagnée d'une hausse des cours. Une émission d'actions qui fait baisser le levier d'endettement a un impact négatif sur les cours.

3. Modèle de Stulz (1988)

Stulz (1988) montre de quelle manière la détention d'actions par les dirigeants, α, affecte la valeur de la firme et sa politique de financement. La valeur de la firme est une fonction croissante de α pour de faibles valeurs de α et une fonction décroissante de α pour un α élevé. La structure financière modifie la valeur de la firme par le biais des variations de la part du capital détenue par les dirigeants.

a) *La valeur de la firme et* α

Une augmentation de α a un effet ambigu sur la valeur de la firme cible. D'un côté, une hausse de α diminue la valeur de la firme car elle fait baisser la probabilité d'une offre hostile. D'un autre côté, la prime offerte par l'acquéreur lors d'une prise de contrôle augmente avec α. Si α est nul, une offre avec une faible prime peut réussir car toute augmentation de α permet d'extraire une part plus importante du surplus du contrôle de l'attaquant. La valeur de la firme augmente ou diminue quand α s'élève selon que α est faible ou important.

b) *Endettement et* α

Plus le montant de la dette est important, plus le risque de faillite est élevé. Une émission d'obligations augmente le risque des actions, les dirigeants craignent davantage le risque financier pour un investissement donné. Une hausse du ratio dette/action augmente la valeur de la firme pour de faibles valeurs de α en consolidant les droits de vote des dirigeants et en contraignant l'acquéreur à céder une part plus importante de ses gains anticipés aux actionnaires. Au contraire, une hausse du ratio dette/action diminue la valeur de la firme pour un α important. Dans cette situation, la probabilité d'une offre publique hostile diminue, limitant ainsi la probabilité de gains en capital pour les actionnaires. Une hausse (baisse) du ratio dette/actions augmente (diminue) la valeur de la firme pour un faible α. Une hausse (baisse) du ratio dette/actions diminue (augmente) la valeur de la firme pour des α importants.

Le tableau 1 présente un récapitulatif de l'impact d'une modification de la structure financière dans le cadre du marché du contrôle.

TABLEAU 1

Comparaison des modèles expliquant la structure financière par le marché du contrôle

Auteurs	*Rôle de la dette*	*Augmentation du ratio dette/actions*	*Impact sur le cours des actions*
Harris et Raviv (1988)	Emission de dette pour achat d'actions par les dirigeants influençant les probabilités de résultats des offres publiques donc de la valeur de la firme	Augmente la valeur de la firme	Dette : positif Actions : négatif
Stulz (1988)	*idem*	– Diminue la valeur de la firme si α, la part d'actions détenue par les dirigeants, est élevé – Augmente la valeur de la firme si α est faible	*Si α faible :* Dette : positif Actions : négatif *Si α élevé :* Dette : négatif Actions : positif

CHAPITRE 5

Justification des obligations à clauses optionnelles

Les explications théoriques à l'existence des titres à clauses optionnelles reposent sur les conflits d'intérêt et l'asymétrie d'information existant entre les différents partenaires de la vie de l'entreprise. Cette section présente les justifications théoriques à l'existence des clauses optionnelles.

1. Les explications théoriques de l'existence des clauses optionnelles

Green (1984) démontre l'importance d'une émission d'obligations convertibles ou d'Obligations à Bons de Souscription d'Actions (OBSA) pour limiter les problèmes d'agence entre actionnaires et obligataires. L'étude est effectuée sur les OBSA mais peut facilement s'appliquer aux obligations convertibles. En effet, une OBSA est un contrat défini par une valeur nominale m, un prix d'exercice e et un bon donnant accès à r actions (m, r, e). Une obligation convertible a aussi une valeur nominale m et peut s'échanger contre r actions. Le prix d'exercice est égal à la perte de la valeur du coupon et au remboursement du principal. Le contrat est déterminé par (m, r, m). La figure 1 montre l'effet d'une émission de bons sur la richesse des anciens actionnaires. Une action est une option d'achat sur la valeur des actifs de l'entreprise. Elle a un profil de gain égal à OABC dans le cas d'une émission d'une dette classique de principal m. En cas d'émission d'OBSA, ce profil devient OABD. En effet, soient n le nombre de bons émis donnant le droit d'acheter h actions à un prix d'exercice unitaire e et n_0 le nombre d'actions initiales. Chaque détenteur de bons considère la stratégie de conversion des autres investisseurs comme donnée, et pense que n_1 bons seront exercés. Soit $X(I, s)$ le projet d'investissement, I, compte tenu de la réalisation de l'état de la nature s. $X(I, s) - m$ est le rendement du projet diminué de la dette. En cas de conversion des bons,

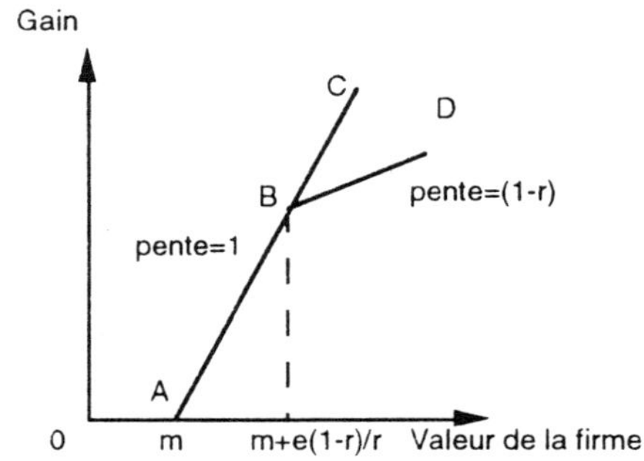

FIGURE 1
Effet d'une émission de bons sur la richesse des anciens actionnaires

le montant des fonds s'élève à $X(I, s) - m + n_1 he + n^* he$ où le détenteur de n^* bons détient $\dfrac{n^* h}{n_0 + n_1 h + n^* h}$.

Il décidera de convertir ses bons uniquement si ce qu'il a payé, $n^* he$, est inférieur à ce qu'il reçoit, c'est-à-dire si

$$\frac{(n^* h)(X(I, s) - m + n_1 he + n^* he)}{n_0 + n_1 + n^* h} > n^* he,$$

ou encore si $X(I, s) > en_0 + m$. (1)

Cette expression est indépendante du nombre de bons détenus par l'investisseur et de la stratégie des autres agents. Soit $f = nhe$, le montant global payé en échange de la fraction d'actions r est égal à $\dfrac{nh}{n_0 + nh}$. L'équation (1) peut être réécrite :

$$X(I, s) > \frac{e(1-r)}{r} + m.$$

La richesse des actionnaires initiaux est égale à :

$$\text{Min}\,[(1-r)[X(I, s) - m + e,\ \text{Max}\,[X(I, s) - m, 0]].$$

La figure 2 montre le profil de gain des actionnaires lors d'une émission d'actions et lors d'une émission d'OBSA. En choisissant m telle que la dette soit risquée ($m > 0$), et telle que le prix d'exercice e est nul, le profil de gain des actionnaires après l'émission d'OBSA est OAD et OAC après émission d'obligations classiques. La convexité des deux formes de dette est la même, seule la pente se modifie. Cette situation est celle décrite par la théorie de l'agence où l'action est une option d'achat sur la valeur des actifs de l'entreprise. Dès lors, le problème d'accroissement du risque et de transfert de richesse entre les actionnaires et les obligataires subsiste.

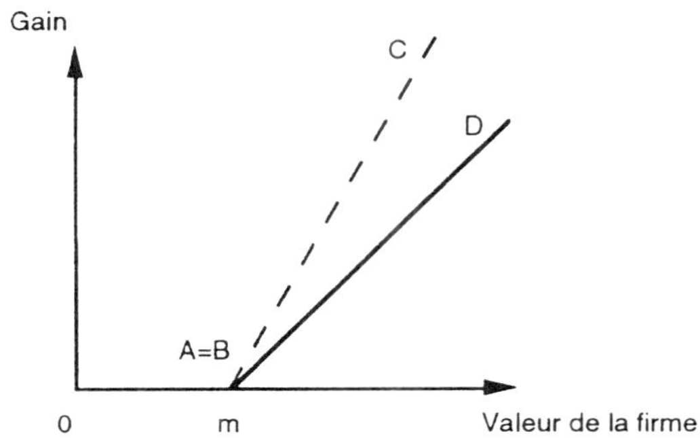

FIGURE 2
Différence de profil de gain des actionnaires entre une émission d'actions et d'OBSA à prix d'exercice nul

Si la dette est sans risque ($m = 0$) et le prix d'exercice positif, le point A coïncide avec l'origine. Dans ce cas les dirigeants sont tentés de sous-investir dans les projets risqués. Une situation intermédiaire est donc d'élaborer un contrat qui propose m risqué ($m > 0$) et $e > 0, o < r < 1$. Ces caractéristiques remplies par les OBSA et les obligations convertibles permettent donc de contrôler le risque et d'inciter les dirigeants à maximiser la valeur de la firme.

2. Les obligations convertibles

En termes d'option, une obligation convertible est la combinaison d'une action et d'une option de vente avec un prix d'exercice égal à la valeur faciale de l'obligation. Un investisseur qui exerce son option vend, en fait, une action et reçoit le prix d'exercice égal à la valeur de l'obligation. Ne pas exercer revient pour lui à convertir c'est-à-dire à garder son action. En cas de baisse de la valeur de la firme, donc de baisse des cours, l'option sera exercée et les détenteurs d'obligations convertibles recevront le prix de remboursement de l'obligation. Ce comportement augmente le risque de faillite et donc remet en cause la situation personnelle des dirigeants. Les dirigeants sont donc incités à maximiser la valeur de la firme afin que les investisseurs n'exercent pas leur option.

Barnea, Haugen et Senbet (1985) montrent que les actionnaires disposant d'une option de vente ont toujours intérêt à exercer leurs options. En effet, l'obligation convertible est un moyen différé de réduire la dilution du PER [1]

1. Le PER est le «Price Earning Ratio» défini comme le rapport entre le cours et le bénéfice net de la firme.

qui serait survenue si les titres émis avaient été des actions. Pour qu'il y ait conversion dans le futur, il est nécessaire que le prix de conversion soit supérieur au cours actuel de l'action. La dilution sera évitée en associant à l'option un nombre d'actions restreint. Toutefois, si on considère que le cours actuel des actions reflète les anticipations futures, il est certain que l'option de vente sera exercée. La conversion n'aura alors pas lieu, et le paiement différé non plus. Par conséquent, à terme, les obligations convertibles ne peuvent qu'entraîner un endettement supplémentaire.

Ceci est montré par Cox et Rubinstein (1985). Soit une entreprise ayant émis uniquement n actions et m obligations convertibles. Chacune de ces dernières peut être convertie en k nouvelles actions à la date de maturité T. Tant que les investisseurs n'ont pas converti, les obligataires reçoivent un coupon et un paiement du principal de $\frac{K}{m}$ par obligation. Afin de simplifier l'analyse, il est supposé que la firme ne verse pas de dividendes. En convertissant, les investisseurs détiennent $\lambda = \frac{mk}{n + mk}$ de la firme. Ils ont donc intérêt à convertir uniquement si $V^* > \frac{k}{\lambda}$, où V^* est la valeur de la firme. Le tableau 1 indique le profil de gain des investisseurs.

TABLEAU 1

Profils de gain des investisseurs

		$V^* < K$	$K < V^* < K/\lambda$	$K/\lambda < V^*$	*En termes d'options*
Obligations	B	V^*	K	λV^*	$V - C(V, K) + \lambda C(V; K/\lambda)$
Actions	nS	0	$V^* - K$	$(1 - \lambda)V^*$	$C(V, K) - \lambda C(V; K/\lambda)$

où $C(V, K/\lambda)$ est une option d'achat sur la valeur de la firme, avec un prix d'exercice K/λ. La figure 3 retrace ces deux profils. En fait, les obligations convertibles ne sont pas des options européennes mais américaines puisqu'elles peuvent être converties à n'importe quel moment par les investisseurs. Il peut alors être montré qu'il n'est jamais optimal de convertir avant la date de maturité si la valeur du coupon excède λ fois la somme de la valeur du coupon et de celle des dividendes. Dann et Mikkelson (1984) comparent l'utilisation des obligations classiques et convertibles. Une obligation convertible peut être considérée comme une obligation classique et une option d'achat sur les actions de la firme avec un prix d'exercice égal au prix de conversion. Ainsi, selon ces auteurs, les obligations convertibles permettent d'émettre de la dette à un taux d'intérêt plus faible, compte tenu de l'option dont disposent les obligataires. Miller (1977), DeAngelo et Masulis (1980) démontrent que si les bénéfices futurs des firmes ne sont pas suffisamment élevés pour

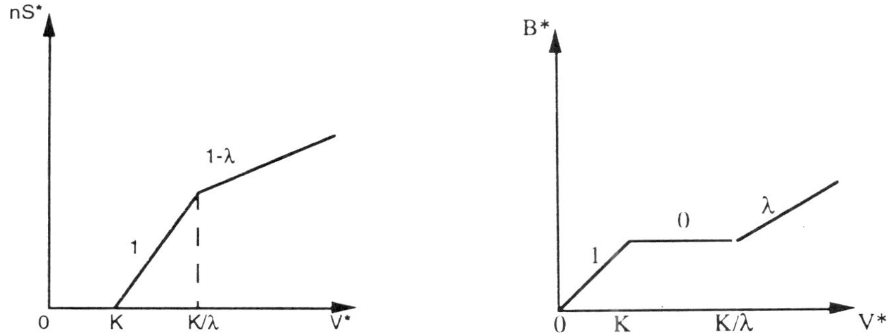

FIGURE 3
Profil de gain des actionnaires et des obligataires

utiliser complètement les déductions d'intérêt, les firmes émettront des obligations convertibles transmettant, ainsi, une information moins favorable que les obligations classiques.

Barnea, Haugen et Senbet (1985) remettent en cause ce raisonnement en expliquant que les taux d'intérêt faibles résultent d'une compensation donnée aux obligataires pour avoir le droit d'émettre une option. Les actionnaires actuels de la firme bénéficient ainsi de la réduction des frais financiers en contrepartie d'une option d'achat qu'ils ont accordée aux obligataires.

Les obligations convertibles serviraient donc essentiellement à réduire les coûts d'agence en résolvant les conflits d'intérêt entre les dirigeants et les actionnaires. En effet, comme le soulignent Jensen et Meckling (1976), les dirigeants maximisent avant tout leur richesse, en profitant d'avantages divers au sein de l'entreprise. Cette consommation privée venant diminuer la valeur de la firme, les actionnaires émettent des obligations convertibles afin de lier la richesse des dirigeants à la valeur de la firme. Barnea, Haugen et Senbet (1985) reprennent donc cette analyse en ajoutant l'effet d'une émission d'obligations convertibles. La figure 4 retrace ce problème. La droite VF reflète la valeur totale de la firme en fonction de la consommation privée des dirigeants, F. Cette droite représente la relation entre la richesse et la consommation privée du dirigeant qui est seul propriétaire. Son utilité est maximisée en (V^*, F^*). En cas d'émission d'obligations convertibles, la contrainte de richesse des dirigeants est $V'Q'$ (en considérant la valeur de l'option de vente donnée à droite du graphique). L'équation de cette droite s'écrit de la manière suivante

$$V_w = V_s + aV - V_p,$$

avec V_s, le capital extérieur existant et constant, aV, la proportion de la firme appartenant au dirigeant et V_p, la valeur de l'option de vente.

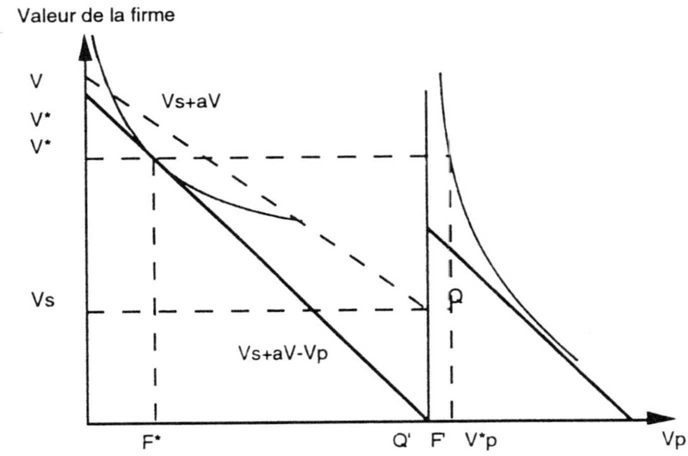

FIGURE 4
Effet d'une émission d'obligations convertibles

Un coût d'agence nul exige que (V^*, F^*) appartienne à cette droite. D'où l'équation de la droite de budget :

$$V_w = V_s + aV^* - V_p = V^*.$$

De plus, la dérivée de V_w, par rapport à la valeur de la firme, V, doit être égale à 1 en V^*. C'est la contrainte de consommation privée du dirigeant :

$$\frac{\partial Vw}{\partial v}(V^*) = 1 = a\frac{\partial V_p}{\partial V}(V^*).$$

Cette contrainte assure que le dirigeant, seul propriétaire, ne consomme pas au-delà de ce qui est optimal. Ainsi, en augmentant sa consommation privée, le dirigeant ne diminue pas seulement la valeur de la firme mais augmente aussi la valeur de l'option de vente. La combinaison de ces deux effets tend à réduire sa richesse monétaire. En d'autres termes, le coût d'une consommation privée supplémentaire est entièrement borné par la richesse du dirigeant, V_W, à son point maximal d'utilité (V^*, F^*). Toutefois, un nouveau problème apparaît. Le dirigeant est incité à rechercher des projets non risqués afin de réduire la valeur de l'option de vente. Pour contrecarrer cette tendance, il est alors nécessaire d'émettre des options d'achat telles que les «stocks options».

Dans un monde d'asymétrie d'information entre les actionnaires et les dirigeants, les obligations convertibles signalent une sous-évaluation de la firme. En effet, de la même manière que les émissions d'actions, elles diluent à terme la richesse des actionnaires. Les dirigeants qui maximisent la richesse de ces derniers ont intérêt à émettre des obligations uniquement si le cours des actions est sur-évalué. La justification théorique de ce résultat a été donnée dans la section sur l'asymétrie d'information [2].

L'impact d'une émission d'obligations convertibles varie d'une théorie à l'autre :

- *Théorie de l'agence :*
  - impact positif consécutif à la réduction du coût d'agence entre les actionnaires et les dirigeants (Barnea, Haugen et Senbet (1985));
  - impact négatif consécutif à la réduction du coût d'agence entre les actionnaires et les obligataires (Green (1984)).
- *Théorie du signal :*
  - impact négatif car elle signale une surévaluation des actions de la firme par le marché.
- Si les obligations convertibles ne représentent qu'un endettement supplémentaire, l'impact est le même que celui des obligations classiques.

3. Les obligations avec bons de souscription d'actions (OBSA)

Les OBSA constituent une combinaison d'une obligation classique et d'une option d'achat sur les actions de la firme. Ces deux éléments sont indépendants après l'émission, ce qui n'est pas le cas des obligations convertibles. L'OBSA représente donc un endettement supplémentaire pour la firme et dilue dans le temps la richesse des actionnaires, consécutive à l'exercice des bons. Les OBSA permettent donc de limiter les coûts d'agence entre les actionnaires et les obligataires, puisque en cas d'augmentation de la valeur de la firme les obligataires peuvent en bénéficier en exerçant leurs bons. Toutefois, l'option d'achat a une durée de vie plus courte que celle des obligations convertibles, ce qui limite son rôle dans les transferts de richesse. Les OBSA sont alors davantage un produit spéculatif, c'est-à-dire une pilule empoisonnée dans le cadre des offres publiques. En étudiant l'évolution des émissions d'OBSA en France au cours du temps, on remarque qu'elles sont concentrées dans les périodes où les offres publiques étaient importantes, c'est-à-dire entre 1985 et 1988. Malatesta et Walking (1988) ont étudié l'impact sur les cours boursiers de la mise en place de moyens de défense anti-OPA. Ils mettent en évidence une hausse des cours avant l'émission, consécutive à une anticipation par le marché d'une offre publique, et une baisse des cours après l'émission due à la baisse de la probabilité de réussite de l'offre.

2. Voir par exemple Myers et Majluf (1984), Giammarino et Lewis (1988), Kim (1990) et Lucas et McDonald (1990).

L'impact d'une émission d'OBSA varie d'une théorie à l'autre :

- *Théorie de l'agence :*
  - impact négatif consécutif à la réduction du coût d'agence entre les actionnaires et les obligataires (Green (1984)).
- *Théorie du signal :*
  - impact négatif en raison de la dilution de la richesse des anciens actionnaires.
- *Marché du contrôle :*
  - impact en forme de bulles spéculatives.
- Mêmes impacts que les obligations classiques si elles ne consistent qu'en un endettement supplémentaire.

4. Les obligations avec clause de remboursement anticipé au gré de l'émetteur

Cox et Rubinstein (1985) représentent ces obligations sous la forme d'options. Soit une firme ayant émis n actions et des obligations remboursables au gré de l'émetteur de maturité T et d'un montant de coupon et de remboursement du principal K. Les actionnaires ont le droit de racheter les obligations à n'importe quel instant τ pour un montant K_τ. Par hypothèse, les actionnaires ne reçoivent pas de dividendes avant la date de maturité. Sous ces conditions, une obligation remboursable est équivalente à une option d'achat américaine sur la valeur de la firme, de prix d'exercice K_τ avant la maturité et K à maturité. Le tableau 2 indique les profils de gain des investisseurs.

TABLEAU 2
Profils de gain des investisseurs

		Date τ	$V^* < K$	$K < V^*$	*En termes d'option*
Obligations remboursables	B	K_τ	V^*	K	$V - C(V; K_\tau, K)$
Actions	nS	$V_\tau - K_\tau$	0	$V^* - K$	$C(V; K_\tau, K)$

où $C(V; K_\tau, K)$ est une option d'achat sur la valeur de la firme de prix d'exercice K_τ avant maturité et K à maturité. Pour que l'option soit exercée, son prix d'exercice doit être supérieur à la valeur actuelle de remboursement du principal et du coupon.

De manière générale, les clauses de remboursement anticipé réduisent les charges d'intérêt de la firme en période de baisse des taux d'intérêt puisqu'elles permettent, comme les obligations à court terme, de renégocier les conditions du contrat à échéances rapprochées. Ces obligations sont donc particulièrement utilisées en période d'asymétrie d'information entre les dirigeants et les investisseurs [3]. Les cours boursiers devraient donc réagir favorablement à l'annonce de l'émission de telles obligations puisqu'elles réduisent le coût de financement de la dette. Les bénéfices disponibles augmentent mais les déductions fiscales diminuent. Bodie et Tagart (1978) montrent que même si les investisseurs préfèrent ces obligations parce qu'elles offrent un taux de rendement plus élevé, les entreprises devraient aussi préférer ce type de dette car elle leur permet de saisir des opportunités d'investissement [4].

En fait Haugen et Senbet (1980) précisent que la clause de remboursement sur les obligations résulte de l'incertitude des taux d'intérêt. Les actionnaires réalisent un gain lors de la baisse des taux d'intérêt alors que le gain ex ante des obligataires est négatif. Toutefois, dans le cadre du modèle de Stiglitz (1974), lorsque les opportunités d'arbitrage sont exploitées, la valeur d'une obligation sans clause est toujours égale à la somme de celle d'une obligation avec clause et de la valeur de l'option de remboursement. A l'émission, les actionnaires payent alors un montant qui reflète le privilège attaché à la clause.

Barnea, Haugen et Senbet (1980) considèrent que ces obligations permettent de résoudre deux types de problèmes : l'accroissement du risque et le coût d'agence.

4.1. *La réduction du problème d'agence*

Les obligations remboursables au gré de l'émetteur permettent de réduire les problèmes d'agence entre les obligataires et les dirigeants-actionnaires. En effet, l'existence d'une asymétrie d'information provient d'une meilleure information dont disposent les dirigeants par rapport à celle des investisseurs sur la qualité de la firme. Ainsi, soient $V(A)$ et $V(B)$ les valeurs de deux firmes A et B, auxquelles les investisseurs attribuent la même valeur mais pourtant $V(A) > V(B)$. Si les dirigeants de la firme A cherchent à émettre une dette de valeur $V_d(A)$, le marché l'évalue comme s'il s'agissait de la dette de la firme B, $V_d(B)$. Le coût d'agence est alors de $V_d(A) - V_d(B)$. Pour réduire ce coût, la firme associe à sa dette une clause de remboursement. Le modèle comporte deux périodes où, en $t = 1$, la valeur de la firme est révélée, l'option est exerçable et l'état de la nature est s et en $t = 2$, la dette arrive à échéance et l'état de la nature est z. En $t = 1$, la valeur de la dette s'écrit

$$V_d(s) = \int_z p(z/s) \min\left(V(z/s), F\right) d(z/s), \qquad (1)$$

3. Voir Robbins et Schatzeberg (1986-1988) et Wall (1988) pour une justification théorique.

4. Voir aussi à ce propos Aivazian et Callen (1980).

avec $p(z/s)$, le prix contingent de l'état z conditionnel à s; $V(Z/s)$ est la valeur contingente de la firme et F est la valeur faciale de la dette.

Soit OX les actions de la firme A évaluées selon le modèle de Black et Scholes et OY la valeur des actions de la firme B. La dette est un complément des actions. Sa valeur est donnée par la distance entre la droite à 45° et celle qui représente la valeur des actions. La valeur de la clause de la firme A, $V_c(A)$ est supérieure à celle de la firme B, $V_c(B)$. Ainsi, en cas d'asymétrie d'information, le coût d'agence $V_d(A) - V_d(B)$ peut être en partie compensé par le montant $V_c(A) - V_c(B)$ puisque $V_c(A) > V_c(B)$.

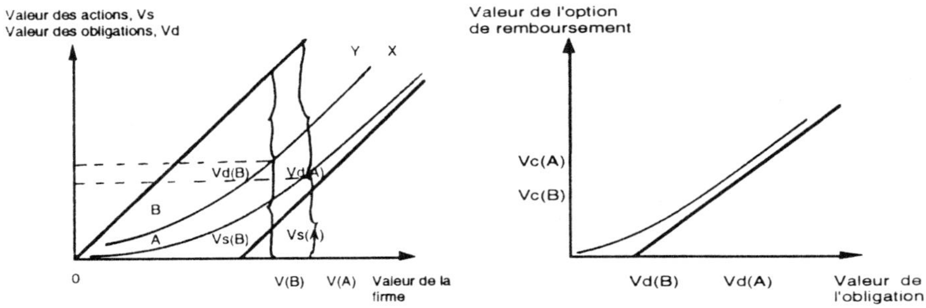

4.2. *La réduction du risque de la firme*

Les obligations avec clause de remboursement au gré de l'émetteur permettent aussi d'éviter les conflits d'intérêt entre les actionnaires et les obligataires dus à l'incitation pour les premiers à adopter des projets risqués. Supposons que les dirigeants d'une firme en croissance désirent investir. Soient deux projets d'investissement A et B. L'adoption de A conduit à une valeur $V(A)$ de la firme et l'adoption du projet B à une valeur $V(B)$ de l'entreprise. Le deuxième projet est moins rentable, $V(A) > V(B)$; il est aussi plus risqué $\sigma(A) < \sigma(B)$. Les dirigeants-actionnaires de l'entreprise seront incités à adopter le projet B puisque $V_s(A) < V_s(B)$, où V_s est la valeur des actions. La clause de remboursement anticipé va permettre de réduire ce risque puisque la valeur de la clause associée à A, $V_c(A)$ est supérieure à celle associée à B, $V_c(B)$, pour un même prix d'exercice. La valeur d'une obligation avec clause de remboursement s'écrit $V_d^* = V_d - V_c$. La valeur des actions lorsqu'il existe une obligation à remboursement anticipé s'écrit $V_s^* = V - V_d^*$.

En cas d'adoption du projet risqué B, deux effets se compensent : d'une part, la hausse de la valeur des actions due à l'accroissement du risque et d'autre part la baisse de la valeur de la clause de remboursement due à la moindre valeur de ce projet. Ainsi, la solution au problème est de choisir un prix d'exercice de telle manière que le changement de la valeur de l'action soit compensé par la variation en valeur de la clause, c'est-à-dire $\Delta V_c = \Delta V_s$, le prix d'exercice intervenant dans le calcul de l'évaluation de la clause par la formule de Black et Scholes (1973).

En définitive, Barnea, Haugen et Senbet (1980) soulignent qu'il existe des coûts d'agence qui ne sont pas éliminés complètement par les forces du marché [5] à l'émission de produits financiers complexes [6].

Conclusion

Le choix d'un financement par actions ou obligations, avec ou sans clause optionnelle, n'est pas neutre, théoriquement, pour la valeur de la firme et pour les investisseurs. L'impact d'une émission sur la valeur de la firme varie d'une théorie à l'autre. Afin d'effectuer une présentation aussi claire que possible des hypothèses et des résultats, un récapitulatif est présenté dans cette conclusion sous forme de tableaux. Lors d'une modification de la structure financière deux questions se posent :

– Pourquoi les dirigeants émettent des actions ou de la dette?
– Quel est l'impact sur la valeur de la firme?

Cette conclusion présente ainsi en premier lieu la motivation d'une hausse de l'endettement de la firme et en second lieu l'impact sur la valeur de la firme des différents modes de financement.

Les facteurs qui motivent une émission de dette ne sont pas nécessairement différents de ceux qui motivent une émission d'actions. En effet, en cas d'asymétrie d'information, les facteurs sont identiques et reposent sur l'importance de la surévaluation de la firme par le marché. En ce qui concerne le marché du contrôle et la théorie de l'agence, la justification théorique repose sur l'évolution du levier d'endettement. Dans ce cas, les émissions de dette et d'actions obéissent à des motivations différentes.

5. Fama (1978); Fama (1980); Haugen et Senbet (1978).
6. Barnea, Haugen et Senbet (1980) et Bodie et Tagart (1978).

DEUXIÈME PARTIE

LES ÉTUDES D'ÉVÉNEMENT

Introduction

Une approche méthodologique couramment utilisée en matière de recherche empirique est celle des études d'événement. Entre 1988 et 1990, le *Journal of Finance* a publié 15 études et le *Journal of Financial Economics* 22 qui concernent une variété d'événements tels que les changements de techniques comptables, les modifications de structure financière, l'annonce des dividendes ou des bénéfices, ou le décès des dirigeants! Ils peuvent être soit annoncés par la firme (annonce de dividende, de modification de la structure financière), soit être extérieurs (changement réglementaires, offres publiques). L'objectif de ces études est d'examiner la réaction du marché à tel ou tel événement. Malgré la diversité des modèles, la démarche méthodologique reste la même. Le tableau 1 reprend une liste de thèmes abordés par les études d'événement. La première étape consiste à définir les paramètres constitués par l'événement, la date d'annonce et les périodes d'études. La méthodologie cherche à tester une hypothèse précise sur l'annonce d'un événement. Si celui-ci est confondu avec une autre information, l'interprétation des résultats est faussée. Enfin, une dernière identification concerne le calendrier de l'événement. La méthodologie prévoit un recentrage de la date d'annonce en une date 0.

Deux périodes sont alors définies : la fenêtre d'événement centrée autour de la date 0 et la période d'estimation située avant ou avant et après la fenêtre d'événement. Le problème à ce niveau est de déterminer le nombre de jours ou de mois à inclure dans chacune de ces périodes. Une fois l'identification des paramètres réalisée, la deuxième étape consiste à calculer les rentabilités anormales. En effet, la mesure de l'impact sur les cours à l'annonce est une différence de rentabilité entre le titre et une norme. Cette norme représente la rentabilité du titre sans l'annonce de l'événement. Cette

TABLEAU 1

Liste non exhaustive des thèmes abordés dans les études d'événement

Sujet	*Auteurs*
Introduction en Bourse	Muscarella et Vetsuypens (1989)
Emission d'Eurobond	Kim et Stulz (1988)
Structure du capital	Moore, Christensen et Roenfeldt (1989), Marais, Schipper et Smith (1989)
Marché du contrôle	Asquith (1983), *Journal of Financial* Economics (1988)[1] Mitchell et Netter (1989)
Annonce de bénéfice	Healy et Palepu (1988), Chari, Jagnnathan, Ofer (1988), Fried et Givoly (1982)
Dividende	Brickley (1983), Kalay et Loewenstein (1985), Karpoff et Walking (1988), Jacquillat (1992)
Faillite	Johnson, Pari et Rosenthal (1989), Bonnier, Bruner (1989), Giroux et Wiggins (1984)
Option	Hamon et Jacquillat (1992), Conrad (1989), Whaley et Cheung (1982)
Obligations convertibles	Mais, Moore et Rogers (1989)
Assurance	O'Hara et Shaw (1990)
Changement loi réglementaire	Black, Fields et Schweitzer (1990)
Rumeurs	Liu, Smith et Syed (1990)
Election Présidentielle	Homaifar, Randolph, Holms et Haddad (1988)
Changement de dénomination sociale	Horsky, Swyndedouw (1987)
Taux de change	Kwock et Brooks (1989)
Marché du pétrole	Lev (1979), Collins, Rozeff et Dhaliwal (1981), Jain (1983) et Kliney (1983)
Changement technique comptable	Abdel-Khalic (1978), McGahram (1989) et Binder (1989)
Décès de dirigeants	Etebari, Horrigan et Landwehr (1987)
Division d'actions	Lamoureux et Poon (1987), Brennan et Copeland (1988), Asquith, Healy et Palepu (1989)

1. Vol. 20, n° 1/2, janv./mars.

méthode fut proposée par Ball et Brown (1968), Fama, Fisher, Jensen et Roll (1969). Les premiers étudièrent la réaction des cours à la composante non anticipée des bénéfices en effectuant une régression des moindres carrés ordinaires. Les résidus mesurent la réaction du marché. Les seconds mirent véritablement en place la méthodologie des études d'événement. Ils analysèrent l'impact sur le marché d'une division d'actions, l'estimation de la norme s'effectuant par le modèle de marché. Après avoir réalisé le calcul des rentabilités anormales pour chacun des titres composant l'échantillon, la moyenne à la date d'annonce est calculée. L'hypothèse nulle se définit comme l'absence de rentabilité anormale moyenne à la date d'annonce. Le test de moyenne correspondant est un student à $N - 1$ degrés de liberté, où N est le nombre de titres composant l'échantillon.

La majorité des études d'événement utilise une estimation des rentabilités normales par le modèle de marché. Or, le test lié à une telle définition est un student et suppose un certain nombre d'hypothèses, rarement vérifiées empiriquement, tels que des termes de covariance nuls entre les titres ou une variance identique pour tous les titres. Les autres techniques d'estimation proposées dans la littérature sont parfois plus complexes et visent à résoudre les différents problèmes rencontrés dans la méthodologie, c'est-à-dire au niveau de la norme, des hypothèses du test et de la propreté des données.

Les données employées, de mensuelles, sont devenues quotidiennes, voire horodatées [2]. En raison de l'absence de base de données boursières précise, l'ensemble des études reposait sur des données mensuelles. La création de base de données quotidiennes permet d'utiliser cette périodicité, diminuant ainsi les erreurs de mesure dans la rentabilité anormale. En effet, étudier l'impact d'un événement sur des données mensuelles suppose qu'il n'y a pas eu au cours de ce mois d'autres annonces que celles étudiées. Si tel n'était pas le cas, l'interprétation des résultats en serait faussée. De plus, dans le cas où l'annonce conduit autour de sa date à des effets contraires, aucun impact sur données mensuelles ne peut être décelé. Ces critiques sont aussi valables pour l'utilisation de données hebdomadaires. Toutefois, l'utilisation de données quotidiennes n'est pas sans problème. Les résultats sont plus sensibles à la «propreté» de la base, notamment pour ce qui concerne le problème des données manquantes.

Au niveau des données, un deuxième problème survient dû à leur asynchronisme, c'est-à-dire lorsque tous les premiers cours ne sont pas cotés à l'ouverture mais s'étalent au cours de la séance. Dans ce cas, les rentabilités de l'indice et des titres ne correspondent pas au même ensemble d'informations.

D'autre part, une deuxième évolution des méthodologies a été de limiter les biais consécutifs à l'estimation des paramètres. En effet, le test de student classique suppose que les rentabilités anormales sont identiquement distribuées, ce qui implique une variance estimée identique pour tous les titres et une corrélation nulle entre les titres. En d'autres termes, la matrice de variance/covariance de taille $N \times N$, où N est le nombre de titres composant l'échantillon est constitué dans sa diagonale par une variance identique pour tous les titres et ailleurs zéro. Or, ceci est loin d'être vérifié et en particulier lorsqu'il existe une date d'événement identique pour tous les titres. Dans ce

2. Ainsi, depuis 1988 il existe une base de données horodatées AFFI-SBF sur les valeurs boursières.

cas, la méthodologie doit estimer les termes de variance/covariance afin d'éviter les biais dans le test de student. Toutefois, ces méthodes, nécessaires dans le cas d'une date d'annonce identique, sont beaucoup moins utiles si l'échantillon comprend des dates distinctes. En effet, dans ce cas, la corrélation entre les titres est faible. Le problème de l'estimation des paramètres se restreint aux techniques d'estimation de la variance. Dès lors, si les termes de covariance sont considérés comme nuls, les méthodologies concentrent leur intérêt sur l'estimation de la variance. D'une part, l'hétéroscédaticité est corrigée grâce à la standardisation des rentabilités anormales et aux modèles dichotomiques. D'autre part, l'instabilité de la variance dans le temps est prise en compte dans des modèles autorégressifs conditionnels type ARCH ou GARCH.

Par ailleurs, une mesure correcte de la rentabilité anormale exige que la norme soit parfaitement définie. En effet, si cela n'est pas le cas, l'interprétation de l'impact sur les cours boursiers de l'événement est biaisée. La norme doit obéir aux mêmes caractéristiques que le titre considéré sans effet d'annonce. Par exemple, le modèle de marché suppose que le risque ou la taille de l'indice est similaire à celui de l'échantillon. L'utilisation du modèle de marché ou du MEDAF implique une stabilité des paramètres, l'indépendance des termes d'erreurs ou des rentabilités anormales entre les titres et dans le temps, l'absence d'effet taille. Afin de déterminer une norme bien définie, des modèles proposent d'utiliser des portefeuilles de contrôle. Le principe consiste à ordonner les titres en fonction du risque, de la taille ou d'autres facteurs et à composer des classes de titres, à la fois pour ceux composant les normes et ceux ayant subi l'événement. Ainsi, chaque titre composant l'échantillon est comparé au portefeuille de même classe de facteurs.

La description de toutes ces techniques d'estimation de la norme conduit à se demander quelle est la méthode qui rejette le plus l'hypothèse nulle. Pour répondre à cette question, un certain nombre d'études ont comparé différentes normes d'estimation dans une approche par simulation. Une revue de la littérature est effectuée sur le marché américain et français.

Cette partie a pour objectif de définir les différentes techniques d'estimation de la norme, leurs limites et leurs apports. Un premier chapitre décrit le déroulement de la méthodologie des études d'événement. Il analyse précisément les différentes étapes et les problèmes soulevés à chaque étape. Un deuxième chapitre étudie les problèmes indirects liés aux technologies d'estimation telles que les données manquantes, la précision dans la définition des normes. Enfin, un dernier chapitre essaye de déterminer la méthodologie la plus performante c'est-à-dire celle qui rejette le mieux l'hypothèse nulle. Une distinction est opérée entre les études effectuées sur le marché français et américain.

CHAPITRE 6

Méthodologies des études d'événement

Une étude d'événement consiste à étudier l'évolution des cours à la date d'annonce d'un événement. La mesure utilisée est une différence de rentabilité entre le titre et une norme. Cette méthodologie s'effectue en plusieurs étapes et pose un certain nombre de problèmes économétriques et informatiques. En effet, une première étape consiste à identifier les paramètres c'est-à-dire l'événement, les dates d'annonce et les périodes d'étude. Une mauvaise spécification à ce niveau conduit à fausser l'interprétation des résultats. Ensuite, une deuxième étape détermine la technique d'estimation de la norme. Celle-ci se définit comme la rentabilité du titre en absence de l'événement. La littérature propose plusieurs modèles, plus ou moins complexes. Les plus courants sont l'indice ou le modèle de marché. Mais les tests supposent un certain nombre d'hypothèses non vérifiées économétriquement. Pour ces raisons, des modèles plus complexes sont proposés, fondés essentiellement sur une estimation de la matrice de variance/covariance des rentabilités anormales. Par ailleurs, cette section souligne d'autres problèmes pratiques relatifs aux données manquantes et à l'asynchronisme des données.

1. Déroulement d'une étude d'événement

Une étude d'événement consiste à étudier l'évolution du cours à l'annonce d'un événement. La méthodologie, identique quel que soit le sujet traité, se décompose en une identification des paramètres et un choix d'un modèle et d'un test.

1.1. *Identification des paramètres*

Avant d'effectuer les calculs, la méthodologie des études d'événement exige de définir plusieurs paramètres tels que l'événement, la date d'annonce, les périodes d'estimation et d'événement.

1.1.1. *Identifier l'événement*

La première étape consiste à identifier de manière précise l'événement afin d'éviter d'en étudier plusieurs. Par exemple, l'annonce des dividendes est souvent accompagnée de l'annonce des bénéfices. Les émissions d'actions en numéraire sont souvent liées à des attributions gratuites ou des incorporations de réserves. Les obligations convertibles sont aussi parfois annoncées en même temps qu'une augmentation de capital. Le succès d'une étude d'événement repose notamment sur cette étape dans la mesure où une mauvaise spécification de l'événement conduit à ne plus tester la même hypothèse, biaisant ainsi l'interprétation des résultats.

1.1.2. *Identifier la date d'annonce*

Après avoir défini l'événement étudié, la date d'annonce doit être déterminée. Prendre des dates ultérieures conduit à une absence d'impact sur les cours dans la mesure où le marché incorpore entièrement l'information. Ainsi, Henderson (1990) souligne l'exemple des premières études d'événement sur les fusions qui adoptaient comme date d'annonce la date de réalisation de l'opération et qui concluaient à une absence d'impact sur les cours (Mandelker (1974)). En prenant comme date l'annonce de la fusion, Asquith, Brunner et Mullins (1983) trouvent des résultats significatifs.

Aux Etats-Unis, la date de référence généralement prise en compte est celle de la publication de l'événement dans le *Wall Street Journal*. Toutefois, Glascock, Davidson et Henderson (1987) montrent que ce journal publie souvent les informations avec retard et que certains événements n'y figurent pas. En France, étant donné qu'aucun journal de référence similaire n'existe, les études se font à partir des dossiers de presse, d'une publication administrative ou utilisent les dates d'Assemblée Générale. Cette dernière date doit faire l'objet d'une attention particulière dans la mesure où d'autres informations peuvent être annoncées le même jour. Pratiquement, il est très difficile de cerner l'annonce d'un événement. Or, Brown et Warner (1980-1985) et Dyckman, Philbrick et Stephan (1984) montrent que le pouvoir des tests diminue avec l'incertitude des dates d'annonce. Ball et Tourous (1988) proposent une méthodologie qui tient compte de l'incertitude sur la date d'annonce. Toutefois, la mise en pratique de leur modèle devient d'autant plus délicate, que le nombre de jours d'incertitude augmente, pratiquement au-delà de cinq jours.

1.1.3. *Identifier les périodes*

Les études d'événement peuvent se distinguer en fonction du nombre de dates d'annonce composant l'échantillon. En effet, certaines études ne contiennent qu'une date d'annonce, lors par exemple de l'analyse de l'impact d'une modification d'un texte réglementaire sur les cours boursiers. D'autres prennent en compte toutes les dates d'annonce de l'événement telles par exemple les annonces des émissions d'actions, des dividendes ou d'offres publiques. La méthodologie consiste à définir une nouvelle échelle temporelle en trois étapes : la date d'annonce constitue la date 0; la période d'événement, encore appelée fenêtre d'événement, est centrée autour de 0; la période d'estimation est située avant ou autour de la période d'estimation. Le schéma suivant reprend la chronologie temporelle des études d'événement.

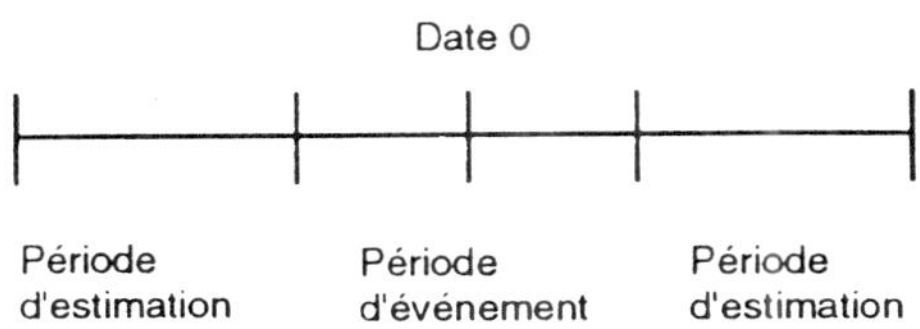

Dans le cas des études à date d'annonce identique, le calendrier boursier est identique à celui de l'événement. Dans les autres cas, la méthodologie consiste à recentrer les dates autour de la date d'annonce 0.

La période d'estimation permet d'effectuer l'estimation des paramètres du modèle. Eades, Hess et Kim (1985), Mikkelson et Partch (1986) utilisent uniquement une période avant la fenêtre d'événement. Par contre, Dann et Mikkelson (1984) et Dodd et Leftwich (1980) ont une période d'estimation avant et après la fenêtre d'événement. La fenêtre d'événement permet d'étudier l'évolution des rentabilités anormales autour de la date d'annonce. La durée de la période d'estimation et celle de l'événement sont au libre choix du chercheur. Peterson (1989) précise que, classiquement, la période d'estimation est entre 100 et 300 jours sur données quotidiennes et entre 24 et 60 mois sur données mensuelles. La fenêtre d'événement varie entre 21 et 121 jours sur données quotidiennes et entre 25 et 121 mois sur données mensuelles. Le choix d'une période longue est intéressante pour analyser l'évolution des rentabilités anormales mais se heurte à l'instabilité des paramètres estimés qui biaise les rentabilités anormales et à l'annonce de nouvelles informations qui modifie l'interprétation des résultats.

En conclusion, l'identification des paramètres ne fait souvent l'objet dans la littérature que d'une description hâtive et peu précise. Or, elle constitue les hypothèses mêmes du modèle. Une mauvaise spécification de l'événement ou des dates d'annonce modifie le résultat final. Les divergences de résultats sur un sujet donné ont souvent pour origine la sélection de l'échantillon.

1.2. Choix d'un modèle et d'un test

Malgré une grande diversité des modèles proposés, les étapes de la méthodologie des études d'événement restent identiques. Cette section a pour objectif de définir les hypothèses sous-jacentes au modèle général et d'en préciser les limites.

La méthodologie se décompose en plusieurs étapes : choix du modèle, calcul des rentabilités anormales, agrégation des rentabilités anormales, choix d'un test.

Les études d'événement consistent à étudier l'impact d'un événement à la date d'annonce. Cet impact est mesuré par une différence de rentabilité entre le titre et la norme. L'écart de rentabilité se dénomme la rentabilité anormale et se définit comme :

$$RA_{it} = R_{it} - E(R_{it}),$$

où RA_{it} est la rentabilité anormale du titre i à la date t; R_{it}, la rentabilité du titre i à la date t; $E(R_{it})$, la rentabilité attendue du titre i à la date t en absence de l'événement.

Ainsi que le souligne Beaver (1981), le pouvoir de la méthodologie dépend de la définition des $E(R_{it})$. $E(R_{it})$ constitue la rentabilité normale du titre sans événement et se dénomme la norme. Les titres sont ensuite regroupés en fonction du calendrier de l'événement, permettant ainsi de calculer la rentabilité anormale moyenne de l'échantillon :

$$RAM_t = \frac{1}{N}\sum_{i=1}^{N} RA_{it},$$

où N est la taille de l'échantillon. L'hypothèse nulle de la méthodologie s'écrit

$$RAM_t = 0.$$

Un test de moyenne nulle paramétrique est alors utilisé, défini comme :

$$T_{PARt} = \frac{RAM_t - 0}{\sigma(RAM_t)} \sim T_{N-1}, \quad (1)$$

où $\sigma(RAM_t)$ est l'écart-type des RAM_t estimé sur la période d'estimation.

Ce test repose sur un certain nombre d'hypothèses qu'il est nécessaire de définir afin de comprendre les différents problèmes soulevés dans les études d'événement. Statistiquement [1], le student est le rapport entre une variable qui suit une distribution normale et un χ^2.

1. Conover (1989).

Si les $RA_{it} \sim \mathcal{N}(\mu, \sigma)$, alors les $RAM_t = \frac{1}{N}\sum_{i=1}^{N} RA_{it} \sim \mathcal{N}\left(\mu, \frac{\sigma}{\sqrt{N}}\right)$, $i = 1, \ldots N$ avec N le nombre de titres composant l'échantillon. Or, sous l'hypothèse nulle, $\mu = 0$:

$$\frac{RAM_t - 0}{\frac{\sigma}{\sqrt{N}}} \sim \mathcal{N}(0, 1). \tag{I}$$

De plus :

$$\frac{\sum_i (RA_{it} - RAM_t)}{S^2} \sim \chi^2_{N-1} \tag{II}$$

S^2, la variance estimée des RA_{it}, est définie comme $S^2 = \frac{\sum_i (RA_{it} - RAM_t)^2}{N-1}$.

Alors (II) se réécrit en :

$$\frac{(N-1)S^2}{\sigma^2} \sim \chi^2_{N-1}. \tag{III}$$

Le rapport de (I) et (III) donne :

$$\frac{\frac{RAM_t}{\frac{\sigma}{\sqrt{N}}}}{\sqrt{\frac{S^2(N-1)}{\sigma^2(N-1)}}} = \frac{RAM_t}{S\frac{1}{\sqrt{N}}} \sim T_{N-1}. \tag{2}$$

Les équations (1) et (2) sont équivalentes si $\sigma(RAM_t) = \frac{S}{\sqrt{N}}$ où $\sigma(RAM_t)$ est l'écart-type des RAM_t et S l'écart-type des RA_{it}. Ceci se démontre de la façon suivante :

$$\sigma^2(RAM_t) = \sigma^2\left(\frac{1}{N}\sum_{i=1}^{N} RA_{it}\right) = \frac{1}{N^2}\sum_i\sum_j \sigma_{ij}.$$

Sous l'hypothèse que $\sigma_{ij} = 0$, alors $\sigma^2(RAM_t) = \frac{1}{N^2}\sum_i \sigma^2(RA_{it})$. Or si $RA_{it} \ldots RA_{jt}$ sont identiquement distribuées, $\sigma^2(RA_{it}) = \sigma^2(RA_{jt})$, $i = 1, \ldots N$ et $j = 1, \ldots N$ avec $i \neq j$, alors :

$$\sigma^2(RAM_t) = \frac{N}{N^2}\sigma^2(RA_{it}) = \frac{1}{N}\sigma^2(RA_{it}) = \frac{1}{N}S^2.$$

Ainsi, le test classique de l'hypothèse nulle repose sur les hypothèses suivantes :

– si les RA_{it} suivent une distribution normale, alors leurs moyennes sont aussi normales;

– les équations (1) et (2) sont équivalentes si les RA_{it} suivent une loi normale et sont indépendantes et identiquement distribuées. En d'autres termes, $\sigma^2(RA_i) = \sigma^2(RA_j)$ et σ_{ij}, la covariance entre les RA_i et RA_j, est nulle, $\sigma_{ij} = 0$.

Dans la pratique, ces hypothèses sont loin d'être vérifiées, d'où l'utilisation de modèles qui proposent de corriger ces biais. Ainsi, on distingue, d'une part, ceux qui supposent que ces hypothèses sont vérifiées tels que l'indice ou le modèle de marché, le MEDAF, ou la moyenne de la rentabilité du titre, d'autre part, les méthodes qui tiennent compte de la matrice de variance/covariance entre les résidus tels que le modèle de Jaffe (1974) et les moindres carrés généralisés. Un cas simplifié de ces derniers modèles est de considérer les termes de covariance nuls. Dès lors, d'autres problèmes sont pris en compte tels que l'instabilité de la variance par des modèles autorégressifs conditionnels, la standardisation des rentabilités anormales ou l'application des moindres carrés généralisés (GLS) avec des termes de covariance nuls ou bien encore l'utilisation de modèles à variables dichotomiques. Par ailleurs, certaines normes employées ne tiennent pas compte de ces problèmes de corrélation mais s'intéressent aux effets taille et risque. En ce qui concerne le problème de la normalité des séries de RAM_t, des tests non paramétriques peuvent être utilisés comme par exemple le test du signe ou de Corrado (1989).

En définitive, les sélections de l'échantillon et des dates d'annonce constituent les étapes les plus fastidieuses mais les plus importantes dans le résultat des études d'événement. Les techniques d'estimations de la norme, souvent complexes, visent à corriger les biais économétriques et améliorent ainsi le pouvoir de significativité des tests.

2. Méthodologies classiques

La plupart des études d'événement utilisent des normes qui reposent sur les hypothèses de normalité des séries de rentabilités anormales, d'absence de corrélation et d'homoscédaticité des titres. Ces modèles sont l'indice ou le modèle de marché, le MEDAF, et la régression à variables dichotomiques. Cette section présente ces normes [2] en soulignant leurs hypothèses et leurs limites.

2. Voir aussi Brick, Statman et Weaver (1989) pour une description de ces modèles classiques.

2.1. *Modèle de marché*

Dans leur étude de division d'actions, Fama, Fisher, Jensen et Roll (1969) ont été les premiers à présenter la méthodologie des études d'événement. La norme utilisée est le modèle de marché [3].

$$R_{it} = \widehat{\alpha}_i + \widehat{\beta}_i R_{mt} + \varepsilon_{it},$$

où

- $\widehat{\alpha}_i = \overline{R_i} - \widehat{\beta}_i \overline{R_{mt}}$
- $\widehat{\beta}_i = \dfrac{\text{cov}\,(R_{it}, R_{mt})}{\sigma^2(R_{mt})}$, où cov (R_{it}, R_{mt}) est la covariance entre la

rentabilité de l'indice et du titre, et $\sigma^2(R_{mt})$ la variance de l'indice de marché.

Le calcul s'effectue en plusieurs étapes [4] :

– estimation des paramètres sur la période d'estimation;

– calcul de la rentabilité anormale par le modèle suivant :

$$RA_{it} = \varepsilon_{it} = R_{it} - (\widehat{\alpha}_i + \widehat{\beta}_i R_{mt});$$

– calcul de la rentabilité anormale moyenne :

$$RAM_t = \frac{1}{N} \sum_{i=1}^{N} RA_{it};$$

– définition du test :

$$T = \frac{RAM_t}{\sigma(RAM_t)} \sim T_{N-1}.$$

Le modèle présente l'avantage de décomposer la variabilité totale de l'action en deux composantes :

– une partie due à l'influence du marché, prise en compte dans le β;

– une partie due aux caractéristiques spécifiques de l'action, prises en compte dans le ε_t.

Les résidus de ce modèle ont une espérance nulle et sont indépendants d'une période à l'autre.

Toutefois, le modèle de marché soulève plusieurs problèmes quant à son utilisation dans les études d'événement. D'une part, l'estimation des paramètres est réalisée hors fenêtre d'événement. Les études prennent en compte soit une période avant, soit deux périodes avant et après l'événement. Par exemple, Dodd et Leftwich (1980) estiment les paramètres en deux temps.

3. Voir Jacquillat et Solnik (1990) pour une explication détaillée des hypothèses de ce modèle.

4. Voir Bowman (1983) pour une description plus fine de ces étapes.

Les $\widehat{\alpha}$ et $\widehat{\beta}$ estimés sur la période d'estimation pré-événement permettent de calculer les rentabilités anormales sur les mois antérieurs à l'annonce et sur le mois d'annonce tandis que les $\widehat{\alpha}$ et $\widehat{\beta}$ estimés sur la période d'estimation post-événement permettent de calculer les rentabilités anormales des mois ultérieurs à l'annonce. Dans le cas où il n'existerait pas suffisamment de mois de cotation après l'événement, une seule régression est effectuée comprenant les rentabilités pré- et post-événement. Plus simplement, Linn et McConnell (1983) utilisent la période d'estimation avant l'événement soit sur -80 à -25 mois avant l'annonce. Sur des données quotidiennes, Schipper et Smith (1986) estiment les paramètres α_i et β_i sur une période de -280 à -161 jours avant l'annonce.

En d'autres termes, le modèle suppose que l'ensemble d'informations sur la période d'estimation est identique à celui de la fenêtre d'événement et donc que les écarts de rentabilité sont uniquement dus à l'impact. Les facteurs qui affectent les variations du marché avant et pendant l'événement sont les mêmes et agiront avec les mêmes intensités sur les fluctuations du titre. Cette condition est vérifiée, approximativement, sur une période courte. Par contre, pour des fenêtres longues, le critère de stabilité est plus sensible. Ainsi, si le marché a fortement progressé, le β est surestimé tandis qu'il est sous-estimé si le choc survient alors que le marché a baissé.

Jain (1986b) analyse le lien existant entre le modèle de marché et les variables «oubliées» tels que la taille (Banz (1981) et Reinganum (1981)), le PER (Basu (1977)), le rendement en dividende (Litzenberger et Ramaswany (1979)) et des variables temporelles tels que l'effet janvier (Rozeff et Kinney (1976), Keim (1983) et Hamon et Jacquillat (1992)) ou l'effet week-end (French (1980), Gibbons et Hess (1981)). Ces variables «oubliées» ne devraient pas poser de problèmes dans la mesure où le α_i absorbe leurs effets. Ce résultat a été confirmé par Collins, Rozeff et Dhaliwal (1981). Toutefois, Beaver (1981) montre que les firmes de petite (grande) taille génèrent des rentabilités anormales positives (négatives) par rapport à l'indice [5]. Cet effet taille varie considérablement avec le temps et comporte des effets de saisonnalité. Brown, Kleidon et Marsh (1983) mettent en évidence cette instabilité en classant tous les mois les titres en fonction de leur capitalisation. Il apparaît que de janvier 1969 à décembre 1973 il existe une relation positive entre la rentabilité anormale moyenne des portefeuilles et leur taille. En revanche, sur la période de janvier 1974 à juin 1979, la relation est inversée, et ceci quelle que soit la taille des portefeuilles. Keim (1983) met en évidence un effet de saisonnalité en montrant que la relation entre la taille et la rentabilité anormale moyenne des portefeuilles est bien négative pendant toute l'année mais est plus prononcée au mois de janvier. Les résultats de Hamon et Jacquillat (1992) sont particulièrement intéressants puisqu'ils remettent en cause les résultats trouvés sur le marché américain. Au début du mois de janvier les

5. Voir Schwert (1983) pour une revue de la littérature des problèmes liés à l'effet taille.

titres à forte capitalisation ont une rentabilité supérieure à celle des titres à faible capitalisation. Par contre, le reste de l'année, il existe bien une relation négative entre rentabilité et taille. Cette rentabilité anormale n'est pas justifiée par la différence de risque.

Ainsi, si l'étude d'événement comporte des dates d'annonce concentrées dans une même période (par exemple l'annonce des distributions de dividende en juin-juillet), la période d'estimation dès lors comprend les mêmes mois. Si ces derniers sont sensibles à l'effet taille (en janvier), les rentabilités anormales observées ne prennent pas en compte uniquement l'effet d'annonce mais aussi l'effet taille. D'où une erreur d'interprétation. Par ailleurs, l'estimation des paramètres sur la période d'estimation suppose qu'ils restent stables sur la fenêtre d'événement. Une volatilité importante de l'effet taille fausse aussi l'interprétation des résultats. D'où la conclusion de Dimson et Marsh (1986) que l'effet taille est d'autant plus important que la fenêtre d'événement est longue, la taille des firmes ou leur capitalisation différente de celle de l'indice pris en compte et qu'il est volatil.

De plus le modèle de marché suppose que les $E(\varepsilon_i \varepsilon_j)$ sont nulles, c'est-à-dire qu'il y a indépendance des rentabilités anormales entre les firmes à une date donnée. Or, cette condition n'est pas vérifiée si les firmes ont la même date d'annonce ou des périodes d'estimation qui se chevauchent. Dans ce cas, les hypothèses du modèle de marché sont mal spécifiées. Comme le souligne Fama (1976), l'essence même du modèle est que, en fonction de la valeur de β_i, la rentabilité du titre est liée à celle de l'indice. Ainsi, pour les titres ayant les mêmes dates d'annonce, leurs rentabilités ne sont pas indépendantes puisqu'elles sont liées à celles de l'indice. Ainsi, les résidus ne sont pas indépendants. De plus, le test paramétrique, qui suppose l'absence de corrélation entre les titres, est biaisé.

Enfin, le modèle de marché suppose que $E(\varepsilon_{it}) = 0$ chaque jour ou chaque mois de la période d'estimation. Or, comme le note Marsh (1979), s'il y a des rentabilités anormales positives ou négatives significatives sur la période d'estimation, cette condition ne tient plus et les α sont biaisés. Ce qui est le cas, par exemple, lors des émissions de droit de souscription où il existe des rentabilités anormales positives sur les mois précédents l'annonce.

Enfin, au niveau statistique, l'existence de données manquantes rend inadaptée l'utilisation des moindres carrés ordinaires. En effet, les rentabilités ne sont pas mesurées sur le même intervalle de temps que l'indice. La covariance entre les titres et l'indice est donc plus faible, biaisant à la baisse les β.

2.2. *Indice de marché*

La rentabilité anormale du titre i à la date t s'écrit :

$$AR_{it} = R_{it} - R_{mt},$$

où R_{mt} est la rentabilité de l'indice de marché et R_{it} est la rentabilité du titre i à la date t. Le test utilisé est le même que celui du modèle de marché :

$$T_t = \frac{RAM_t}{\sigma(RAM_t)} \sim T_{N-1},$$

où RAM_t est la rentabilité anormale moyenne à la date t et N le nombre de titres composant l'échantillon.

Cette méthode est identique au modèle de marché avec comme hypothèses un α nul et un β égal à 1 pour toutes les firmes. Or, dans la pratique, ces deux hypothèses sont loin d'être vérifiées, conduisant à une erreur de mesure dans les rentabilités anormales, qui sera d'autant plus importante que l'échantillon a un β moyen différent de 1. De plus, les titres ayant un β élevé ont une rentabilité attendue plus forte que les titres ayant un β faible. Dès lors, les rentabilités anormales des titres à β élevé sont surévaluées par rapport aux rentabilités anormales des titres à β faible. La rentabilité anormale reflète non seulement l'impact dû à l'annonce mais aussi une rémunération du risque.

Enfin, cette méthode ne tient pas compte de l'effet taille. Une solution serait de prendre comme norme l'indice pondéré par les capitalisations. Mais, celui-ci a une rentabilité inférieure à un indice équipondéré puisqu'il donne plus de poids aux grandes firmes. La rentabilité anormale des titres est alors biaisée à la hausse. Une correction possible est de pondérer aussi les rentabilités anormales des titres par leur capitalisation. Cette méthode appliquée par Dimson et Marsh donne des résultats peu stables sur la période d'étude. Par ailleurs, elle n'a jamais été utilisée dans d'autres études d'événement. L'utilisation de l'indice équipondéré n'est pas sans problème. En effet, si la taille de la firme est différente de celle de l'indice, la rentabilité anormale est biaisée.

2.3. *Modèle d'équilibre des actifs financiers ou MEDAF*

De la même manière que l'indice de marché, le MEDAF de Sharpe (1964) et Lintner (1965) ou ses dérivés [6] pose des conditions sur les paramètres de α et β. Le calcul des rentabilités anormales s'effectue en plusieurs étapes :

- estimation des paramètres sur la période d'estimation;
- calcul des rentabilités anormales par le modèle suivant :

$$RA_{it} = R_{it} - ((1 - \widehat{\beta}_i)R_{Ft} + \widehat{\beta}_i R_{mt});$$

6. Voir Jensen (1972), Fama (1976), Ross (1978) pour une revue de la littérature.

– agrégation des RA_{it}, $RAM = \frac{1}{N}\sum_{i=1}^{N} RA_{it}$;

– le test de student s'écrit : $T = \frac{RAM_t}{\sigma(RAM_t)}$.

Le α estimé dans le modèle est égal à $(1 - \widehat{\beta}_i)R_{Ft}$. Les hypothèses et les critiques à l'utilisation de ce modèle sont identiques à celles du Modèle de Marché.

2.4. *Modèle simple de régression à variables dichotomiques*

Comme le montre précisément Karafiath (1988), le modèle simple de régression avec variables dichotomiques donne des résultats identiques à celui du modèle de marché. Pour chacun des titres, la variable dichotomique est égale à 1 sur l'intervalle de la fenêtre d'événement [7] et 0 ailleurs. Ainsi, pour une fenêtre de N jours, il faut N variables dichotomiques. Soit donc le modèle :

$$R_{jt} = \alpha_j + \beta_j R_{mt} + \sum_{n=T+1}^{T+N} \tau_{jn} D_{nt} + \varepsilon_{jt}, \qquad (1)$$

$j = 1, \ldots, J$ et $t = 1, \ldots T, \ldots T + N$,
où R_{jt}, la rentabilité du titre j à la date t, R_{mt}, la rentabilité de l'indice de marché; N, le nombre de jours de la fenêtre d'événement; T, le nombre de jours de la période d'estimation et D_{nt}, la variable dichotomique égale à :

$$\begin{cases} 1 & \text{si } t \text{ appartient à la fenêtre d'événement} \\ 0 & \text{sinon} \end{cases}$$

Cette équation comprend donc pour chaque titre $T + N$ observations. Le coefficient τ_{jn} est égal à la rentabilité anormale telle qu'elle est définie par le modèle de marché. En effet, les variables dichotomiques qui sont égales à 0 en dehors de la fenêtre d'événement n'affectent pas l'estimation des paramètres de marché [8].

Le test de l'hypothèse nulle est identique à celui du modèle de marché, $T = \frac{q'\Gamma_J}{\sqrt{q'Qq}}$, où q est le vecteur unitaire de taille $(T + N) \times 1$; $\widehat{\Gamma}_j$ est le vecteur des coefficients des variables dichotomiques des J firmes; Q est la matrice diagonale dont les termes sont égaux à $\sigma_j^2(W_J'AW_J)$ avec W_j'

7. Ici le terme «fenêtre d'événement» est défini au sens large : il peut être soit la date d'annonce, soit une période plus longue.

8. La démonstration de l'équivalence du modèle de régression à variables dichotomiques et du modèle de marché est réalisée dans l'article de Karafiath (1988).

le vecteur des variables dichotomiques du titre j de taille $1 \times (T + N)$ et $A = I + X_N(X_N(X'_T X_T)^{-1} X'_N$.

Binder (1985a) propose une variante de ce modèle de régression à variables dichotomiques qui tient compte des changements possibles des α et β dues aux modifications d'anticipation du marché à l'annonce d'un événement. Soit le modèle :

$$R_{it} = \alpha_{i1} + \alpha_{i2} D_{0t} + \alpha_{i3} DJANV + \beta_{i1} R_{mt} + \beta_{i2} D_{0\tau} + \gamma_i D_i + \varepsilon_{it},$$

avec D_{0t}, la variable dichotomique égale à 1 sur la période d'événement et 0 ailleurs et qui prend en compte les changements dans les coefficients des paramètres de α et β; D_i, la variable dichotomique identique à D_{0t}; $DJANV$, la variable dichotomique égale à 1 uniquement au mois de janvier, contrôlant ainsi l'effet taille au mois de janvier (Keim (1983)).

Dans ce modèle, le nombre de variables dichotomiques n'est pas égal au nombre de jours composant la fenêtre d'événement, D_i. Par ailleurs, il est possible de choisir d'autres variables dichotomiques qui corrigent les rentabilités anormales d'autres biais possibles. Cette méthode appliquée le plus simplement possible obéit aux mêmes contraintes que celles du modèle de marché à la fois au niveau des techniques d'estimation des paramètres et des hypothèses sous-jacentes au test utilisé.

En définitive, malgré les nombreuses objections faites à leur utilisation, ces méthodologies classiques sont les plus employées dans les études d'événement dans la mesure où, finalement, elles produisent des pourcentages de rejet de l'hypothèse nulle aussi élevés que les méthodes plus sophistiquées.

3. Méthodologies tenant compte d'une covariance non nulle

Les méthodologies classiques supposent que la covariance entre les titres est nulle c'est-à-dire que la matrice de variance/covariance est diagonale et que les variances des titres sont égales. Or, dans la pratique, l'existence de dates d'annonce identiques ou de périodes d'estimation qui se chevauchent conduit à des corrélations entre les titres. De plus la variance des titres est loin d'être identique. Pour prendre en compte ces deux conditions, plusieurs modèles sont proposés. Jaffe (1974) estime la variance de l'échantillon en tenant compte de la variance de chacun des titres et de leur covariance. Collins et Dent (1984) proposent, à partir des moindres carrés généralisés, une méthode d'estimation de la matrice variance/covariance. Bien que cette méthode soit simple, la principale difficulté est d'effectuer l'inversion de la matrice qui est de taille $N \times N$, où N est le nombre de firmes composant l'échantillon. Malatesta (1986) à partir d'un modèle à variable dichotomique et les moindres carrés généralisés propose une estimation plus complexe de la matrice. En effet, l'estimation repose sur une inversion de deux matrices de taille N. Enfin, McDonald (1987) propose un modèle similaire à Malatesta (1986) mais avec une estimation par le maximum de vraisemblance. Cette section décrit ces différents modèles et met en évidence leurs difficultés d'application pour des échantillons de grande taille.

3.1. *Modèle de Jaffe (1974)*

Le modèle de Jaffe (1974) propose un test des résidus standardisés. Les rentabilités anormales sont calculées à partir du modèle de marché. La variance des rentabilités anormales moyennes (RAM) prend en compte à la fois celle des rentabilités anormales de chacun des titres et les termes de covariance :

$$\text{Var}\,(RAM) = \frac{1}{N}\sum_{i=1}^{N}\frac{\sigma_i^2}{N} + \frac{N-1}{N}\sum_{i\neq j}\frac{\sigma_{ij}}{N(N-1)},$$

où $RAM_t = \dfrac{1}{N}\sum_{i=1}^{N} RA_{it}$, N, le nombre de titres, σ_i^2, la variance sur la période d'estimation du titre i et σ_{ij}, la covariance entre les titres i et j.

Dès lors, sous l'hypothèse nulle, $\dfrac{RAM_t}{S} \sim T_{N-1}$ avec S égale à $\sqrt{\text{Var}\,(RAM_t)}$.

3.2. *Modèle de Collins et Dent (1984)*

Le modèle proposé par Collins et Dent (1984) a l'avantage d'être simple en termes de calcul tout en tenant compte des termes de covariance. Soit le résidu du modèle de marché :

$$RA_{it} = \varepsilon_{it} = R_{it} - (\widehat{\alpha}_i - \widehat{\beta}_i R_{mt}).$$

La variance des rentabilités anormales du titre i est définie comme :

$$\sigma_i^2 = \frac{1}{T-2}\sum_{t=1}^{Ti}(R_{it} - (\widehat{\alpha}_i - \widehat{\beta}_i R_{mt})),$$

$\tau = 1, \dots T_i$ sur la période d'estimation, et soit :

$$C_{it} = \sqrt{V_i^2 \left[1 + \frac{1}{T_i} + \frac{(R_{m\tau} - R_m)^2}{\sum\limits_{t=1}^{Ti} (R_{mt} - R_m)^2} \right]},$$

avec V_i^2, la variance sur la période d'estimation du titre i ; T_i, le nombre de jours de la période d'estimation ; R_{mt}, la rentabilité du marché ; R_m, la moyenne de la rentabilité du marché sur la période d'estimation ; $R_{m\tau}$, la rentabilité de l'indice de marché sur la période d'estimation.

La covariance s'écrit :

$$\widehat{w}_{ij} = \frac{1}{T-2} \sum_{\tau=1}^{T} \varepsilon_{i\tau} \varepsilon_{j\tau},$$

avec $i, j = 1, \dots N$ et $i \neq j$. Dès lors, $v_{ij} = C_{it} C_{jt} \widehat{w}_{ij}$ est un estimateur de la covariance, $E(\varepsilon_{i\tau} \varepsilon_{j\tau})$. Soit la matrice de variance/covariance V, $V = [V_{ij}]$ avec $V_{ij} = C_{it} C_{jt} \widehat{w}_{ij}$. La rentabilité anormale moyenne, $\widehat{\mu}_t$, se définit en appliquant les moindres carrés généralisés (GLS) comme :

$$\widehat{\mu}_t = \frac{1' \widehat{V}_t^{-1} r_t}{1' \widehat{V}_t^{-1} 1} \text{ et } r_t = \begin{pmatrix} \varepsilon_{1t} \\ \varepsilon_{2t} \\ \varepsilon_{3t} \\ \cdot \\ \cdot \\ \cdot \\ \varepsilon_{Nt} \end{pmatrix} \text{ qui est de taille } N \times 1.$$

Le dénominateur donne une pondération plus importante aux titres à faible volatilité puisqu'il s'agit de l'inverse de la matrice de variance/covariance. Sous ces définitions, $\widehat{\mu}_t$ est bien une rentabilité anormale moyenne standardisée. Soit l'estimateur, $\widehat{f_t^2}$ donné par :

$$\widehat{f_t^2} = \frac{1}{N-1} (r_t - \widehat{\mu}_t 1)' \widehat{V}_t^{-1} (r_t - \widehat{\mu}_t^1).$$

Le test statistique de l'hypothèse nulle s'écrit : $\dfrac{1' \widehat{V}_t r_t}{\widehat{f}_t} \sim T_{N-1}$.

L'unique difficulté de cette méthode, et ceci est valable pour tous les modèles de cette catégorie, est d'estimer la matrice de variance/covariance. La méthode de Jaffe (1974) est une application plus simple dans la mesure où elle exige le calcul des covariances entre les titres. La méthode de Collins et Dent requiert en plus l'inversion de cette matrice qui est de taille $N \times N$.

Si, sur micro-ordinateur, la réalisation de l'inversion de la matrice est délicate pour des échantillons de grande taille, elle ne pose pas de problèmes sur SUN.

3.3. *Modèle de Malatesta (1986)*

Malatesta (1986) utilise les moindres carrés généralisés avec un modèle à variable dichotomique :

$$y_{it} = \alpha_i + \beta_i R_{mt} + \gamma_i \delta_{it} + \varepsilon_{it}, \tag{1}$$

avec $E(\varepsilon_{it}) = 0, t = 1, 2, \ldots, T$ et $i = 1, 2, \ldots, J$
et δ_{it}, la variable dichotomique égale à

$$\begin{cases} 1 & \text{si } t \text{ appartient à la fenêtre d'événement} \\ 0 & \text{sinon} \end{cases}$$

γ_i est une mesure de la rentabilité anormale associée à l'événement. Les TJ observations de l'équation (1) s'écrivent sous forme matricielle :

$$y = \Omega| \otimes \overline{X} : \Lambda|\Phi + \widetilde{\varepsilon},$$

où $\otimes$ indique le produit de Kronecker [9] et avec :

$y' = (y_1' y_2' \ldots y'J)$ — $1 \times TJ$ vecteur de rentabilités;

$q' = (1\,1 \ldots 1)$ — vecteur unitaire de taille $1 \times T$;

$\delta_{it} = (\delta_{i1} \delta_{i2} \ldots \delta_{iT})$ — vecteur des variables dichotomiques de la firme i de taille $1 \times T$;

$\overline{X}' = \begin{pmatrix} q' \\ R_{m1} R_{m2} \ldots R_{mT} \end{pmatrix}$ — matrice de $2 \times T$ contenant sur la première ligne le vecteur unitaire et sur l'autre le taux de rentabilité du marché;

$\Lambda = \begin{pmatrix} \delta_1 & 0 & \ldots \\ 0 & \delta_2 & \ldots \\ \ldots & \ldots & \ldots \\ 0 & \ldots & \delta_J \end{pmatrix}$ — matrice $TJ \times J$ des variables dichotomiques;

$\beta' = (\alpha_1 \beta_1 \alpha_2 \beta_2 \ldots \alpha_J \beta_J)$ — vecteur de taille $2J$;

$\gamma' = (\gamma_1 \gamma_2 \ldots \gamma_J)$ — vecteur de taille J;

$\Phi' = (\varepsilon_{i1} \varepsilon_{i2} \ldots \varepsilon_{iT})$;

$\varepsilon' = (\varepsilon_1' \varepsilon_2' \ldots \varepsilon_J')$;

$\widehat{\beta} = (I \otimes ((\overline{X}'\overline{X})^{-1})[I - [\Delta(\Delta'(\Sigma^{-1} \otimes Q)\Delta)^{-1}\Delta](\Sigma^{-1} \otimes Q)]y$;

$\widehat{\gamma} = (\Delta'(\Sigma^{-1} \otimes Q)\Delta)^{-1}\Delta'(\Sigma^{-1} \otimes Q)y$;

$Q = I - \overline{X}(\overline{X}'\overline{X})^{-1}\overline{X}'$ — matrice de taille $T \times T$.

9. Voir Griliches et Intriligator (1990).

Après une estimation de la matrice de variance-covariance, Σ, la statistique est :

$$F = (JT - 3J)\left[\frac{(q'\widehat{\gamma})[q'(\Delta'(\Sigma^{-1} \otimes Q)\Delta)^{-1}q](q'\widehat{\gamma})}{(y - \Delta\widehat{\gamma})'(\Sigma^{-1} \otimes Q)(y - \Delta\widehat{\gamma})}\right] \sim \chi^2(1)$$

Cette méthode est lourde puisqu'elle nécessite l'inversion de deux matrices de taille $J \times J$, où J est le nombre de titres composant l'échantillon. Malatesta propose d'estimer la matrice de variance/covariance par la méthode «estimated generalized least squares» (EGLS) qui consiste à estimer les termes en plusieurs étapes :

– les résidus de l'équation (1) sont récupérés et permettent de calculer les termes de variance/covariance égaux respectivement à $\frac{\widehat{u}_i'\widehat{u}_j}{T_E}$ et $\frac{\widehat{u}_i'\widehat{u}_i(\delta_i'Q\delta_i)}{T_E - 3}$, où T_E est le nombre de jours ou mois composant la période d'estimation;

– la matrice de variance et covariance ainsi calculée permet de calculer les termes $\widehat{\gamma}$, y', q', δ_{it}, Δ, $\overline{X}'$ et Q;

– calcul du χ^2_J.

3.4. *Modèle de MacDonald (1987)*[10]

Ce modèle, similaire à celui de Malatesta (1986), décrit la méthode d'estimation des paramètres de la matrice de variance/covariance par le maximum de vraisemblance. Soit le modèle :

$$R_{it} = \alpha_i + \beta_i R_{mt} + \gamma_i \delta_{it} + \mu_{it}, \qquad (1)$$

avec $i = 1, \ldots, J$ et $t = 1, \ldots, T$ et

– δ_{it} : la variable dichotomique égale à

$$\begin{cases} 1 & \text{si } t \text{ appartient à la fenêtre d'événement} \\ 0 & \text{sinon} \end{cases}$$

– μ_{it} : le terme d'erreur de taille JT qui suit une loi normale de moyenne nulle et de variance $\Sigma \otimes I_t$, Σ est la matrice de variance/covariance de taille $J \times J$ et I_t, la matrice unitaire de taille $T \times T$.

McDonald ne conseille pas d'utiliser la méthode du maximum de vraisemblance pour estimer les termes de variance et covariance, parce que trop lourde en termes de calcul. Ainsi, deux autres méthodes sont proposées pour estimer la matrice de variance/covariance : les méthodes EGLS et «Iterated Generalized Least Squares» (IGLS). Cette dernière méthode consiste à estimer les termes de variance/covariance par itération :

10. Voir aussi Schipper et Thompson (1983) et Thompson (1985).

1re étape :

Régression de l'équation (1) par les moindres carrés ordinaires et calcul des μ_{it}.

2e étape :

Calcul des termes de variance et covariance. Ceux-ci sont injectés dans la matrice, Σ^*, ce qui permet, par les équations définies dans Malatesta (1986), de calculer les estimateurs α_i, β_i, γ_i.

3e étape :

Calcul des nouveaux termes de variance-covariance selon les définitions classiques sachant que

$$\mu_{it} = R_{it} - (\widehat{\alpha} + \widehat{\beta} R_{mt} + \widehat{\gamma} \delta_{it}).$$

4e étape :

Retour à l'étape (2) jusqu'à la stabilité des coefficients. Le test s'écrit :

$$W^* = \frac{1}{N} \sum_{i=1}^{N} \frac{\gamma_i}{\sigma_i} \sim \mathcal{N}\left(0, \frac{1}{J}\right),$$

où σ_i est l'écart-type des résidus récupéré de la régression du titre i.

4. Méthodologies tenant compte des problèmes d'estimation de la variance

L'ensemble des modèles qui vont être présentés est une version simplifiée des précédents dans la mesure où ils considèrent une matrice de variance/covariance diagonale. En ce qui concerne l'estimation de la variance, deux problèmes surviennent, la stabilité de l'estimateur et son identité pour tous les titres.

4.1. *Standardisation des RA_{it}*

Cette méthode consiste à rendre identique la distribution des rentabilités anormales. Si $RA_{it} \sim \mathcal{N}(0, \sigma_i)$ sous l'hypothèse nulle, alors $\dfrac{RA_{it}}{\sigma_i} \sim \mathcal{N}(0, 1)$.

Les modèles proposent une standardisation des rentabilités anormales de chaque titre par l'écart-type :

$$RAS_{it} = \frac{RA_{it}}{S_{it}},$$

avec S_{it} l'écart-type égal à

$$S_{it} = \sqrt{V_i^2 \left[1 + \frac{1}{T_i} + \frac{(R_{mt} - R_m)^2}{\sum_{\tau=1}^{Ti} (R_{mt} - R_m)^2} \right]},$$

où :

- $t = 1, 2, \ldots, T_i$;
- V_i^2 : variance empirique sur la période d'estimation du titre i;
- T_i : nombre de jours de la période d'estimation;
- R_{mt} : rentabilité anormale du marché à la date t;
- R_m : moyenne de la rentabilité du marché sur la période d'estimation;
- $R_{m\tau}$: rentabilité de l'indice de marché sur la période d'estimation.

Dès lors, $RAS_{it} \sim \mathcal{N}(0, 1)$ et $RAMS$, la rentabilité anormale moyenne, est égale à $\frac{1}{N} \sum_{i=1}^{N} RAS_{it}$ et suit $\mathcal{N}\left(0, \frac{1}{\sqrt{N}}\right)$, d'où le test[11] :

$$\sqrt{N} RAMS_t \sim \mathcal{N}(0, 1).$$

4.2. *Modèle avec des régressions à variables dichotomiques*

Les méthodologies utilisant les modèles de régressions à variables dichotomiques se définissent de la façon suivante :

$$R_{it} = \alpha_i + \beta_i R_{mt} + \gamma_i \delta_{it} + u_{it},$$

avec γ_i, le coefficient de la variable dichotomique et δ_{it}, la variable dichotomique.

Sous forme matricielle, Malatesta (1986) transcrit ce modèle de la manière suivante :

$$y = \Omega | \otimes \overline{X} | \beta + \varepsilon.$$

11. Burgstahler et Noreen (1986) proposent deux tests G^2 et H qui tiennent compte des termes de covariance entre les titres. Toutefois, leurs calculs portent sur les rentabilités anormales cumulées et font référence à des inversions de matrices qui peuvent se révéler lourdes en termes de calculs si le nombre de firmes est important et si la période d'estimation est longue.

Le test s'écrit :

$$W^{**} = \frac{q'\widehat{\gamma}_s}{J} \sim \mathcal{N}(0,1),$$

où γ_s est le coefficient de la variable dichotomique estimé à partir des observations de la firme i divisé par l'écart-type des résidus de cette équation et J le nombre de titres composant l'échantillon. Cette méthode est donc identique à la précédente si le modèle utilisé est le modèle de marché. Elles se distinguent des autres dans la mesure où l'hypothèse nulle se définit comme «la moyenne pondérée des rentabilités anormales est nulle», la pondération étant égale à l'écart-type des résidus, alors que les autres tests se définissent comme «la simple moyenne des rentabilités anormales est nulle».

4.3. *Modèle SUR*

La procédure de régressions SUR (Seemingly Unrelated Regressions) a été élaborée par Zellner (1962). Soit le modèle [12] et pour $i = 1, \ldots N$:

$$R_{it} = \alpha_i + \beta_i R_{mt} + \sum_{k=T+1}^{T+K} \tau_{ik} D_{kt} + \varepsilon_{it}, \tag{1}$$

avec R_{it}, la rentabilité du titre i à la date t; R_{mt}, la rentabilité de l'indice de marché; K, le nombre de jours de la fenêtre d'événement; T, le nombre de jours de la période d'estimation et D_{kt}, la variable dichotomique égale à :

$$\begin{cases} 1 & \text{si } t \text{ appartient à la fenêtre d'événement} \\ 0 & \text{sinon} \end{cases}$$

Sous forme matricielle, l'équation (1) s'écrit pour le titre i :

$$Y = X\Gamma + \varepsilon,$$

avec Y, le vecteur de rentabilités du titre i de taille $(T+K) \times 1$; X, le vecteur des variables indépendantes incluant les K variables dichotomiques de taille $(T+K) \times (2+K)$; Γ, le vecteur des coefficients de taille $(2 \times K) \times 1$ et ε, le vecteur des résidus de taille $(T \times K) \times 1$. Les résidus sont égaux à 0 sur la fenêtre d'événement. La procédure s'effectue en deux étapes :

12. Voir Hachette et Mai (1991) pour une description plus fine de la procédure. Plusieurs autres variantes auraient pu être décrites comme par exemple celle qui consiste à effectuer la régression non pas titre par titre mais en coupes instantanées, pour une date donnée ou sur plusieurs dates.

Première étape

N régressions individuelles sont réalisées à partir de l'équation (1). Ainsi, pour $i = 1, \dots N$, Y_i est régressé par rapport à X_i et les variances des résidus sont récupérées :

$$Y_i = X_i \Gamma_i + \varepsilon_i.$$

Deuxième étape

Dans l'équation (1) les valeurs de Y_i et de X_i sont standardisées par l'écart-type des résidus, s_i. D'où :

$$\begin{bmatrix} \frac{1}{s_1} Y_1 \\ \frac{1}{s_2} Y_2 \\ \dots \\ \frac{1}{s_N} Y_N \end{bmatrix} = \begin{bmatrix} \frac{1}{s_1} X_1 & 0 & 0 & 0 \\ 0 & \frac{1}{s_2} X_2 & 0 & 0 \\ \dots & \dots & \dots & \dots \\ 0 & 0 & 0 & \frac{1}{s_N} X_N \end{bmatrix} \begin{bmatrix} q_1 \\ q_2 \\ \dots \\ q_N \end{bmatrix} + \begin{bmatrix} V_1 \\ V_2 \\ \dots \\ V_N \end{bmatrix}$$

où q_i représente le vecteur des coefficients du titre i. Ensuite, une régression sur les valeurs empilées est effectuée, soit $J^*(T + N)$ observations. Cette méthode, en standardisant les coefficients par l'écart-type des résidus, tient compte des problèmes d'hétéroscédaticité. De plus, elle permet, comme le soulignent Binder (1985a-b), Schipper et Thompson (1983), Hughes et Ricks (1984), de tester différentes hypothèses nulles :

Hypothèse 1

La somme des rentabilités anormales à date t est nulle : $\sum_{i=1}^{N} \tau_{it} = 0$ ou sur une période donnée $\sum_{i=1}^{N}, \sum_{t=T+1}^{T+K} \tau_{it} = 0$, soit, en termes de moyenne : $\frac{1}{N} \sum_{i=1}^{N} \tau_{it} = 0$ et sur la période d'événement $\frac{1}{NK} \sum_{i=1}^{N} \sum_{t=T+1}^{T+K} \tau_{it} = 0$.

Pour saisir un effet d'annonce déjà partiellement anticipé, Binder (1985a) propose d'établir un modèle où la variable dichotomique est égale à 1 sur l'intervalle -3 mois à $+1$ mois autour de l'annonce de l'événement. Soit δ_i, le coefficient de cette variable dichotomique. L'hypothèse nulle d'absence de la rentabilité anormale moyenne sur la période d'événement s'écrit :

$$\frac{1}{N} \sum_{i=1}^{N} \delta_i = 0.$$

Hypothèse 2

Les rentabilités anormales sont égales à 0 sur la période K et sur les N firmes :

$$\tau_{1,T+1} = \tau_{2,T+2} = \ldots = \tau_{2,T+1} = \tau_{2,T+2} \cdots = \tau_{i,T+k} = 0.$$

Cette hypothèse peut aussi être testée avec une variable dichotomique égale à 1 sur une période (Binder (1985a)). Si δ_i est le coefficient de cette variable, l'hypothèse s'écrit :

$$\delta_i = 0 \qquad \text{pour tout } i.$$

Hypothèse 3

Les rentabilités anormales sont égales mais pas nécessairement égales à 0.

$$\tau_{1,T+1} = \tau_{2,T+2} = \ldots = \tau_{2,T+1} = \tau_{2,T+2} \cdots = \tau_{i,T+k}.$$

Hypothèse 4

La différence des rentabilités anormales sur la période K entre deux groupes de titres est nulle :

$$\sum_{k=T+1}^{T+K} \left(\frac{1}{N} \sum_{i=1}^{N} \tau_{ik} - \frac{1}{W} \sum_{w=1}^{W} \tau_{wk} \right) = 0.$$

Ce test est utilisé lorsqu'il s'agit de comparer l'échantillon des firmes ayant subi l'événement étudié (N) avec un groupe de titres (W) dit de contrôle.

4.4. *Modèle autorégressif conditionnel*

L'instabilité de la variance peut être corrigée par des modèles autorégressifs conditionnels. Connolly et McMillan (1987) proposent un modèle GARCH(1,1). Le modèle est défini de la façon suivante :

$$R_t = x_t B + \varepsilon_t,$$

où $\varepsilon_t \sim \mathcal{N}(0, \sigma_t^2)$. Si l'espérance conditionnelle des résidus est indépendante dans le temps, $E(\varepsilon_t, \varepsilon_{t-1}) = 0$, il existe par contre une liaison temporelle autorégressive sur σ_t^2 :

$$\sigma_t^2 = \gamma_0 + \gamma_1 \varepsilon_{t-1}^2 + \gamma_2 \sigma_{t-1}^2,$$

avec $\varepsilon_0 = 0$ et $\sigma_0 = 0$. De façon plus simple, un modèle ARCH (1) peut être aussi utilisé. Il se définit sous l'hypothèse nulle comme :

$$R_t = x_t b + \varepsilon_t \qquad \text{où } \varepsilon_t \sim \mathcal{N}(0, \sigma_t^2).$$

L'espérance conditionnelle reste indépendante dans le temps, $E(\varepsilon_t / \varepsilon_{t-1}) = 0$. La liaison temporelle de σ_t^2 dépend uniquement de la variance en $t-1$, d'où :

$$\sigma_t^2 = a_1 + a_2 \sigma_{t-1}^2.$$

Avec ce dernier modèle, une double régression des moindres carrés ordinaires permet de dégager les coefficients b, a_1, a_2 puis en initialisant $\sigma_0^2 = 0$, à chaque date se déduit σ_t^2. Le test de l'hypothèse nulle s'écrit;

$$\frac{RAM_t}{\sigma_t(RAM_t)} \sim T_{N-1},$$

où RAM_t est la moyenne des rentabilités anormales et $\sigma(RAM_t)$ l'écart-type de RAM_t à partir des modèles ARCH(1) ou GARCH (1,1).

La première étape d'une étude d'événement définit précisément la date d'événement, l'homogénéité des échantillons. Cette étape est fondamentale pour une interprétation correcte des résultats. La deuxième étape consiste à choisir une norme adéquate qui permet de calculer la rentabilité du titre en l'absence d'événement. Toutefois, le choix d'une norme et d'un test n'est pas suffisant. D'autres problèmes existent au niveau du traitement des données, de la normalité des séries et de la précision dans la définition des normes. Le prochain chapitre étudie ces différentes questions.

CHAPITRE 7

Problèmes rencontrés dans les études d'événement

Les résultats des études d'événement sont particulièrement sensibles à la propreté des bases de données employées tant en ce qui concerne l'asynchronisme des données que les données manquantes. Ainsi, tous les cours ne sont pas forcément des cours d'ouverture de 10h mais peuvent s'étaler au cours de la séance. Dès lors, une comparaison de la rentabilité journalière du titre calculée de 12h un certain jour à 10h le lendemain avec la rentabilité de l'indice calculée de 10h à 10h ne recouvre pas le même ensemble d'informations. En ce qui concerne les données manquantes, la recherche empirique les traite de deux manières distinctes. D'une part, ces dates sont ignorées conduisant à ne pas calculer les rentabilités en t et $t-1$. Cette approche est aussi utilisée par les logiciels RATS et SAS. Le principal inconvénient de cette méthode dans les études d'événement est la réduction du nombre de jours dans la période d'estimation, pouvant à la limite éliminer le titre de l'échantillon. Or, les études d'événement concernent souvent des échantillons de petite taille, limitant dès lors le pouvoir de significativité des tests. Une deuxième approche consiste à remplacer les données manquantes par des cours estimés.

Un deuxième problème abordé est celui de la précision dans la définition de la norme. Différentes techniques d'estimation sont proposées afin de limiter l'écart entre les caractéristiques du titre et celles de la norme. Enfin, la normalité des séries de rentabilités anormales moyennes peut être facilement contestée. Dans ce cas, des tests non paramétriques doivent être proposés.

1. Asynchronisme des données et données manquantes

1.1. *Remplacement des données manquantes*

A partir de la banque de données AFFI-SBF (1990), Hamon et Jacquillat (1992) établissent une liste des causes possibles des données manquantes. Hachette et Mai (1991) mettent en évidence ces problèmes de deux manières distinctes. En premier lieu, les pourcentages de titres cotés par date sur toute la période de disponibilité des cours sont calculés. Le pourcentage de cotation se définit comme :

$$P = \frac{\text{(Nombre de titres cotés}}{\text{Nombre de titres théoriquement cotés)}} * 100.$$

Le numérateur calcule le nombre de titres par date. Le dénominateur est déterminé en fonction de la période de disponibilité du titre dans la base. Le tableau 1 indique le pourcentage de titres cotés tous marchés confondus.

Seuls les pourcentages inférieurs à 40 % sont sélectionnés. Les astérisques indiquent les dates pour lesquelles les absences de cours sont exogènes et précisées par Hamon et Jacquillat. Ainsi, en mars 1979, il manque pratiquement un mois de cotation. En 1989 et en 1990, il n'y a eu aucune journée avec une fréquence de cotation inférieure à 50 %. En deuxième lieu, la répartition des cours disponibles mensuellement est calculée. Pour cela, le nombre de cotations par mois d'un titre est réparti en intervalles : 0 à 2 cours disponibles pour le mois t, 3 à 5 cours disponibles pour le mois t, 6 à 10 cours disponibles pour le mois t, 11 à 15 cours disponibles pour le mois t, 16 à 18 cours disponibles pour le mois t, supérieur à 18 cours disponibles pour le mois t. Ensuite, pour chacun des intervalles, chaque mois, le nombre est rapporté au nombre total de titres disponibles. La figure 1 retrace l'évolution des cotations disponibles sur la période de la base. Ainsi, en mars 1979, 80 % des titres ont entre 0 et 2 cours disponibles. De manière moins spectaculaire, la figure 1 montre que le nombre de cours disponibles varie d'un mois sur l'autre.

Dans les études d'événement, les données manquantes conduisent à différents problèmes :

– le nombre de rentabilités calculées sur la période d'estimation diminue. En d'autre termes, l'estimation des paramètres est davantage biaisée. De plus, si les données manquantes ne sont pas concentrées sur une période mais dispersées, le nombre de rentabilités peut devenir trop faible pour l'estimation des paramètres, le titre est alors éliminé;

– la variance des rentabilités anormales est plus importante en cas de données manquantes, diminuant ainsi la significativité des tests.

Dès lors, pour éviter ces biais, un lissage des cours peut être effectué. Hachette et Mai (1991) effectuent une comparaison des différentes méthodes

TABLEAU 1
Pourcentage inférieur à 40 % de titres cotés, tous marchés confondus

Date	*Nombre observé*	*Nombre théorique*	*Pourcentage*
770524	99	613	16,15
770607*	102	613	16,64
770610*	109	613	17,78
771205*	89	614	14,50
771207*	93	614	15,15
771209*	106	614	17,26
771212*	103	614	16,78
771219*	105	614	17,10
771221*	107	614	17,43
771222*	233	614	37,95
790227*	116	629	18,44
790228*	121	629	19,24
790301*	110	629	17,49
790302*	112	629	17,81
790305*	116	629	18,44
790306*	109	629	17,33
790307*	103	629	16,38
790308*	112	629	17,81
790309*	109	629	17,33
790312*	3	629	0,48
790313*	2	629	0,32
790314*	141	629	22,42
790315*	2	629	0,32
790316*	1	629	0,16
790319*	2	629	0,32
790321*	2	629	0,32
790322*	139	629	22,10
790323*	2	629	0,32
790326*	1	629	0,16
790327*	2	629	0,32
790328*	2	629	0,32
790329*	1	629	0,16
790330*	1	629	0,16
801022*	139	707	19,66
801023*	128	707	18,10
820706	270	708	38,14
830812*	152	698	21,78
830816*	149	698	21,35
831021*	156	698	22,35
841102*	39	730	5,34
860326*	12	832	1,44

de remplacement de cours choisies pour leur facilité de programmation et pour leur rapidité en termes de temps de calcul : la méthode du successeur, du prédécesseur, de répartition uniforme et de lissage exponentiel. L'approche consiste à simuler une série historique à partir de laquelle est appliqué un pourcentage de données manquantes. Ensuite, ces données sont remplacées en fonction des méthodes choisies. Les tests montrent que la méthode de

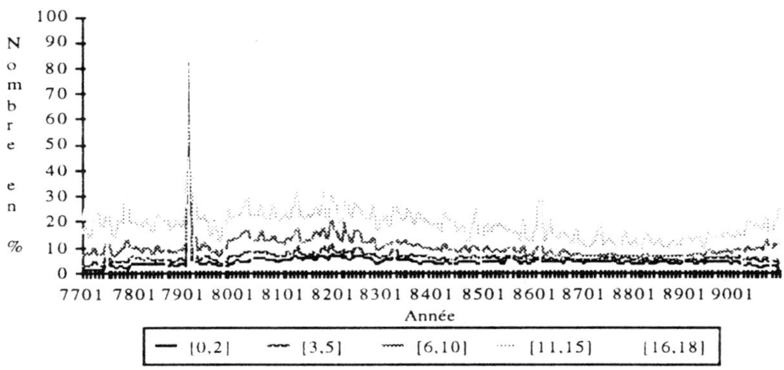

FIGURE 1
Répartition des cours disponibles sur la période 1977-1990

répartition uniforme est celle qui minimise l'écart entre les séries théorique et lissée. Cette méthode est donc conseillée pour le remplacement des données manquantes. Elle se définit comme :

$$\widehat{c}_{t+j} = c_t + \frac{c_{t+k} - c_t}{k+1},$$

où c_t est le logarithme du dernier cours disponible avant c_{t+j} ; $\widehat{c}_{t+j}$, le logarithme du cours manquant; c_{t+k}, le logarithme du premier cours disponible après $\widehat{c}_{t+j}$, $j = 1, ...k - 1$.

Heinkel et Kraus (1988) proposent une autre méthode. Soit :

$$R_{jt} = \alpha_j + \beta_j R_{Vt} + u_{jt},$$

où R_{jt} est la rentabilité du titre j à la date t; R_{vt}, la rentabilité d'un indice composé de titres similaires à j et u_{jt}, la part d'une information à la date t qui affecte l'action j.

Le cours est remplacé par u_{jt}. Le principal problème lié à cette méthodologie est la longueur des calculs puisqu'elle nécessite qu'à chaque cours manquant, une sélection de titres similaires ayant des cours disponibles soit faite et qu'une régression soit réalisée. Heinkel et Kraus ont appliqué cette méthode sur la vente et l'achat d'actions par les dirigeants sur la bourse de Vancouver avec un portefeuille composé uniquement de onze titres.

1.2. *Asynchronisme des données*

La banque de données quotidienne AFFI-SBF (1990) contient uniquement des cours d'ouverture [1]. Or, tous les cours ne relèvent pas d'une cotation de 10h mais s'étalent dans la journée. Dès lors, les rentabilités des titres ne contiennent pas le même ensemble d'informations. Hamon et Jacquillat (1992) notamment ont traité ce problème. Ils ont effectué une comparaison de différentes méthodes d'estimation des β et ont conclu à une meilleure performance des β de Dimson (1979). Pour une amélioration de l'estimation de la norme, ces méthodes d'estimation peuvent être appliquées aux études d'événement. Soit le modèle de marché :

$$R_{it} = \widehat{\alpha}_i + \widehat{\beta}_i R_{mt} + \varepsilon_t. \tag{1}$$

En supposant que l'asynchronisme ne dépasse pas deux jours, ce modèle devient :

$$R_{it} = \alpha + \beta_{t-2} R_{mt-2} + \beta_{t-1} R_{mt-1} + \beta_t R_{mt} + \beta_{t+1} R_{mt+1} + \beta_{t+2} R_{mt+2} + \mu_t. \tag{2}$$

L'estimation des α est identique pour toutes les méthodes.

$$\widehat{\alpha} = \frac{1}{T-2}\left(\sum_{t=1}^{T-2} R_{it} - \widehat{\beta}\frac{1}{T-2}\sum_{t=1}^{T-2} R_{mt}\right).$$

L'estimation du β de Scholes et Williams (1977) s'écrit :

$$\widehat{\beta} = \frac{\beta_{t-2} + \beta_{t-1} + \beta_t + \beta_{t+1} + \beta_{t+2}}{1 + 2\widehat{\rho_1} + 2\widehat{\rho_2}},$$

où $\widehat{\rho_1}$ et $\widehat{\rho_2}$ représentent respectivement l'autocorrélation d'ordre 1 et 2 de la rentabilité de l'indice de marché. L'estimation du β de Dimson (1979) s'écrit :

$$\widehat{\beta} = \beta_{t-2} + \beta_{t-1} + \beta_t + \beta_{t+1} + \beta_{t+2}.$$

L'estimation du β de Fowler et Rorke (1983) se définit comme :

$$\widehat{\beta} = A\beta_{t-2} + B\beta_{t-1} + \beta_t + B\beta_{t-1} + A\beta_{t-2},$$

avec $$A = \frac{1 + \widehat{\rho_1} + 2\widehat{\rho_2}}{1 + 2\widehat{\rho_1} + 2\widehat{\rho_2}} \quad \text{et} \quad B = \frac{1 + 2\widehat{\rho_1} + \widehat{\rho_2}}{1 + 2\widehat{\rho_1} + 2\widehat{\rho_2}},$$

1. Depuis 1988, des cours horodatés sont fournis aussi dans la base de données AFFI-SFB (1990).

où $\widehat{\rho_1}$ et $\widehat{\rho_2}$ représentent respectivement l'autocorrélation d'ordre 1 et 2 de la rentabilité de l'indice de marché. En définitive, le calcul de la rentabilité anormale s'effectue en plusieurs étapes :

– calcul des β_{t-k} par l'équation (2), avec $k = -2, .. + 2$ lorsque l'on suppose un asynchronisme sur deux jours;
– calcul des $\widehat{\alpha}$ et $\widehat{\beta}$;
– calcul des rentabilités anormales selon l'équation (1).

Atchinson (1986) étudie l'impact de l'asynchronisme des données sur la significativité des rentabilités anormales. 283 firmes sont choisies aléatoirement sur le NYSE. Les paramètres du modèle de marché sont estimés selon la méthode de Scholes et Williams et des Moindres Carrés Ordinaires (MCO) sur la période 1975-1978 et permettent de calculer les rentabilités anormales sur 100 jours en 1979. Sur cette dernière période, des dates, sur lesquelles est ajoutée une constante à la rentabilité du titre, sont sélectionnées aléatoirement.

Les firmes sont réparties en deux groupes en fonction du nombre de transactions par jour. Le test utilisé est celui du student basé sur les rentabilités anormales standardisées. Les firmes ayant un nombre de transactions inférieur à la moyenne ont des rentabilités anormales moins significatives que celles ayant un nombre de transactions supérieur à la moyenne. Quels que soient le niveau de choc introduit et le groupe de firmes considéré, l'estimateur des moindres carrés ordinaires fournit un student supérieur à celui de Scholes et Williams.

Brown et Warner (1985) et Jain (1986) utilisent les méthodes de Scholes et Williams pour estimer les β mais les premiers adoptent les α des moindres carrés ordinaires tandis que les seconds utilisent les α de Scholes et Williams. Ce dernier choix paraît plus exact dans la mesure où, s'il existe des biais dans une estimation des moindres carrés ordinaires, le α sera mesuré avec erreur. Jain conclut à une meilleure performance des estimateurs de Scholes et Williams en raison de la plus forte concentration des 17,473 β qu'il a calculés autour de $[0,6; 1,2]$. Par contre, Brown et Warner, en comparant le pourcentage de rejet de l'hypothèse nulle par les méthodes de Scholes et Williams, Dimson et MCO, concluent à une similitude des trois méthodes. Pour un choc de 1 %, le pourcentage de rejet est respectivement de 65,2 %, 64,8 % et 64,4%.

2. Les portefeuilles de contrôle

Les portefeuilles de contrôle ont pour but de limiter les différences de caractéristiques entre les titres et la norme. Plusieurs variantes sont proposées.

2.1. *L'indice*

Au lieu de prendre tous les titres du marché comme tel serait le cas avec l'indice de marché, le portefeuille d'indice peut être sélectionné en fonction du risque, du secteur d'activité ou autres critères. Le titre est ainsi comparé à une classe de portefeuilles aux caractéristiques similaires. En d'autres termes, l'indice de marché est simplement décomposé en fonction de facteurs. Bien entendu, le nombre de classes dépend du nombre de titres compris dans l'échantillon et disponibles sur le marché. Ainsi, si la décomposition conduit à construire des classes de portefeuilles de 300 titres et que l'échantillon comprend 100 titres, l'indépendance entre les deux échantillons n'est pas assurée. Dans ce cas-là, il vaut mieux soit élargir la décomposition afin de prendre en compte plus de titres dans la norme, soit éliminer dans celle-ci les titres présents dans l'échantillon de base. Ce type de modèle est utilisé par Gonedes (1975) pour le risque, par Harrison (1977) pour la correction du risque [2] et du secteur d'activité et enfin pour les deux facteurs précédents plus l'évolution des bénéfices [3] par Abdel-Khalik et McKeown (1978). Ce dernier modèle est intéressant puisque à la différence par exemple de celui de Dimson et Marsh (1986), la comparaison ne s'effectue pas entre la rentabilité du titre et du portefeuille mais entre les rentabilités anormales moyennes cumulées des titres de l'échantillon et des titres du portefeuille de contrôle. Ainsi, soit le modèle de Dimson et Marsh (1986) employant un indice corrigé par la taille des capitalisations :

$$u_{j,t} = R_{jt} - R_{i(j)t}.$$

Les rentabilités anormales sont la différence entre les rentabilités du titre et du portefeuille de contrôle $R_{i(j)t}$ à classe de capitalisation similaire. Abdel-Khalic et McKeown (1978) étudient l'impact du changement de la méthode comptable de FIFO en LIFO. Pour cela, les portefeuilles de contrôle classent les sociétés selon quatre critères : les firmes n'ont pas sur la période d'étude de changement de technique comptable, les firmes sont classées en fonction de leur secteur d'activité, les firmes ont un risque systématique stable, les firmes sont classées en fonction de leur β.

2.2. *Le MEDAF*

Dimson et Marsh (1986) proposent de corriger l'effet taille et le risque en utilisant le MEDAF. Leur modèle se définit comme :

2. Jain (1986b) montre que ce critère peut conduire à des biais importants si les portefeuilles comparés diffèrent par la taille : la différence de rentabilité attendue ne provient pas alors de l'événement, même si les β sont identiques.

3. Voir Harrison, Tomassini et Dietrich (1983) pour une revue de la littérature de ces modèles.

$$u_{j,t} = R_{jt} - R_{i(j)t} - (\widehat{\beta}_{jm} - \widehat{\beta}_{i(j)m})(R_{mt} - R_{jt}).$$

Les $\widehat{\beta}_{jm}$ et $\widehat{\beta}_{i(j)m}$ sont calculés à partir du MEDAF :

$$u_{j,t} = R_{jt} - (1 - \widehat{\beta}_{jm})R_f - \widehat{\beta}_{jm}R_m;$$
$$u_{j,t} = R_{jt} - (1 - \widehat{\beta}_{i(j)})R_f - \widehat{\beta}_{i(j)}R_{i(j)}.$$

2.3. *Méthode de Fama-McBeth (1973)*

La méthode précédente corrige le risque en calculant le β_i sur une période historique et construit le portefeuille en fonction de ces β_i. Fama et McBeth critiquent cette procédure «naïve» parce qu'elle peut entraîner des biais importants. En cas de corrélation des β_i, les β_i élevés observés seront supérieurs aux vrais β_i et les faibles β_i observés seront plus faibles que les vrais β_i. Former ainsi des portefeuilles sur les β_i conduit à des erreurs de mesure puisque les portefeuilles aux β_p élevés auront une rentabilité supérieure aux vrais β_p alors que les portefeuilles aux β_p faibles seront sous-estimés. Afin d'éviter ce problème, ils proposent une estimation en deux périodes. Dans une première période, les β_i sont calculés et les titres sont classés par portefeuille en fonction de leur risque. Dans une deuxième période, les β_i sont recalculés, mais les titres ne sont pas reclassés, ce qui permet d'établir la moyenne par portefeuille, β_p. Mandelker (1974) a repris cette méthode pour constituer des portefeuilles en fonction de leur risque. La constitution des portefeuilles se réalise en trois périodes :

– pour chaque titre de l'échantillon, le modèle de marché est appliqué, permettant de calculer un β_i. A partir de ces paramètres, 20 classes de portefeuilles sont constituées. Les 5 % des titres ayant le plus fort β sont rangés dans le premier portefeuille, les 5 % suivant dans le deuxième portefeuille, etc.

– sur une deuxième période, les β_i des titres sont recalculés et une moyenne sur chacune des classes est réalisée. Puis, en effectuant des régressions glissantes, sur une dernière période, la régression suivante est réalisée :

$$R_{pt} = \gamma_{ot} + \gamma_{1t}\widehat{\beta}_{p,t-1} + \mu_{pt},$$

où R_{pt} est la rentabilité moyenne des titres d'une classe de portefeuille donnée. En utilisant les coefficients $\widehat{\gamma}_{ot}$ et $\widehat{\gamma}_{1t}$, la rentabilité anormale du titre s'écrit :

$$RA_{it} = R_{jt} - \widehat{\gamma}_{ot} - \widehat{\gamma}_{1t}\beta_{jt};$$

– ensuite, la rentabilité anormale moyenne et le test paramétrique classique sont calculés.

3. La normalité

Si les rentabilités anormales moyennes RAM_t suivent une loi normale, le test de l'hypothèse nulle est alors un student à $N-1$ degrés de liberté. Or comme le précisent Frost et Tamura (1986), si les RAM_t ne suivent pas cette loi, la distribution du test s'écarte du student parfois de façon significative. Une manière de mesurer la symétrie des RAM_t et l'importance de la déviation est de calculer les coefficients de skewness et de kurtosis des RAM_t. Le test de Béra-Jarque teste comme hypothèse nulle la normalité des séries de RAM_t. Ainsi, si les RAM_t suivent une loi normale de moyenne μ et d'écart-type σ, sous l'hypothèse nulle :

$$\Delta = \frac{RAM_t - \mu}{\sigma} \sim \mathcal{N}(0,1),$$

$H0$: Δ suit une loi normale de moyenne nulle et de variance 1.

Le coefficient du skewness se définit comme :

$$\text{Skew} = \frac{N^2}{(N-1)(N-2)} \frac{m_3}{s^3},$$

avec N, la somme de la période d'estimation et de la fenêtre d'événement; m, le moment d'ordre i défini comme :

$$m_i = \frac{1}{N} \sum_{i=1}^{N} (RAM_t - \overline{RAM})^i,$$

et s^3, l'écart-type des RAM_t à la puissance 3.

Le test appliqué au coefficient du skewness est déterminé par :

$$z_1 = \text{skew} \sqrt{\frac{(N-1)(N-2)}{6N}} \sim \mathcal{N}(0,1).$$

Le coefficient du kurtosis se définit ainsi :

$$\text{Kur} = \frac{N^2}{(N-1)(N-2)(N-3)} \frac{(N+1)m_4 - 3(N-1)m_2^2}{s^4},$$

avec N, la période d'étude égale à la somme de la période d'estimation et d'événement, m_4, le moment d'ordre 4, m_2^2, le moment d'ordre 2 au carré et

s^4, l'écart-type des RAM_t élevé à la puissance 4. Le test appliqué au coefficient du kurtosis s'écrit :

$$z_2 = \text{kur}\sqrt{\frac{(N-1)(N-2)(N-3)}{24N(N+1)}} \sim \mathcal{N}(0,1).$$

Afin de tester la normalité des séries de rentabilités anormales moyennes, le test de Béra-Jarque est utilisé :

$$Z = (z_1)^2 + (z_2)^2 \sim \chi^2(2).$$

Si $Z > \chi^2(2) = 5.99$, l'hypothèse de la normalité de la série est rejetée.

Fama (1976) montre que la distribution des rentabilités quotidiennes des titres a des valeurs extrêmes plus importantes que ne le suppose la loi normale. Il en est de même pour les rentabilités anormales. Le Théorème Central Limite garantit que si les rentabilités anormales des titres sont indépendantes et identiquement distribuées, les rentabilités anormales moyennes convergent vers la normalité quand le nombre de titres augmente. Brown et Warner (1985) trouvent que les rentabilités anormales ont un skewness supérieur à ce que devrait supposer la normalité. Dyckman, Philbrick et Stephan (1986) aboutissent aux mêmes conclusions. De plus, ces derniers effectuent une comparaison entre les rentabilités anormales et les rentabilités anormales standardisées par l'écart-type des firmes calculé sur la période d'estimation. Sur 175 simulations, les rentabilités anormales standardisées rejettent l'hypothèse nulle avec un pourcentage supérieur 86 fois, inférieur 16 fois et identique 73 fois aux rentabilités anormales. L'écart entre la rentabilité anormale moyenne et la rentabilité anormale moyenne standardisée est en moyenne de 1,4 %. Il baisse à 0,7 % dans le cas d'infériorité ou lorsque le nombre de titres augmente. Ainsi, les auteurs concluent que le biais dû à la non-normalité a peu d'impact sur les résultats. Toutefois, plusieurs tests non paramétriques existent et peuvent être proposés pour corriger la non-normalité des séries [4].

3.1. *Test du signe*

$$\frac{N_+ - \dfrac{(N_+ - N_-)}{2}}{\sqrt{\dfrac{(N_+ - N_-)}{4}}} \sim \mathcal{N}(0,1),$$

où N_+ et N_- sont les nombres de rentabilités anormales strictement positives et négatives à une date donnée.

4. Pour une justification de ces tests, voir Lecoutre et Tassi (1987).

3.2. *Test de Wilcoxon signé*

Soit $W_n^+ = \sum_{i=1}^{N} K_{it} 1_R^+$,

où K_{it} est le rang de la rentabilité anormale du titre i à une date donnée t et 1_{R^+} la variable indicatrice égale à 1 si la rentabilité anormale est strictement positive, 0 sinon. Le test est proche du test de signe puisqu'il consiste à multiplier la variable indicatrice par le rang de la rentabilité anormale. La statistique s'écrit :

$$Z = \frac{W_n^+ - \dfrac{n(n+1)}{4}}{\dfrac{1}{24} n(n+1)(2n+1)} \sim \mathcal{N}(0,1).$$

3.3. *Test de Corrado (1989)*

Soit K_{it}, le rang de la rentabilité anormale sur les périodes d'estimation et d'événement. Pour une série temporelle égale à -244 à +5 jours autour de la date d'annonce :

$$K_{it} = \text{rang}(RA_{it}) \qquad t = 244, \ldots, +5.$$

La statistique s'écrit :

$$T = \frac{\dfrac{1}{N} \sum_{t=1}^{T} (K_{T0}) - E(K))}{S(K)} \sim \mathcal{N}(0,1),$$

avec $S(K) = \sqrt{\dfrac{1}{250} \sum_{t=-244}^{+5} \left(\dfrac{1}{N} \sum_{i=1}^{N} (K_{it} - E(K))^2 \right)}$ où K_{T0} , le rang de la rentabilité anormale à la date d'annonce et

$$E(K) = \frac{1}{2} + \frac{\text{Nombre d'éléments}}{2} = \frac{1}{2} + \frac{250}{2} = 125.5.$$

3.4. *Méthode Jackknife*

Frost et Tamura (1982) décrivent la méthode Jackknife [5]. Elle permet d'élaborer une statistique suivant une loi normale même lorsque l'échantillon

5. Il est aussi possible d'appliquer la méthode Bootstrap.

ne suit pas une distribution normale [6]. Lors d'une première étape, l'échantillon est divisé de façon aléatoire en k sous-groupes. Chacun d'entre eux est de même taille $m, m = \frac{n}{k}$. La moyenne sur l'ensemble de la série à la date t est effectuée :

$$J(RA_{jt}) = \frac{1}{N} \sum_{j=1}^{N} RA_{jt}.$$

avec N, le nombre de firmes dans l'échantillon et RA_{jt}, la rentabilité anormale de la firme j à la date t. $J_k(RA_{jt})$ se définit comme la moyenne des RA_{jt}, effectuée sur l'échantillon k privé du $k^{ième}$ groupe. Pour chaque groupe, la valeur s'appelle pseudo-valeur et est calculée par :

$$J_z(RA_{jt}) = kJ_k(RA_{jt}) - (k-1)J(RA_{jt}).$$

L'estimateur Jackknife à la date t s'écrit :

$$J_J(RA_{jt}) = \frac{1}{k} \sum_{j=1}^{k} J_z(RA_{jt}).$$

L'écart-type est calculé sur la période d'estimation à partir de la série des estimateurs Jackknife, calculée à chaque date. Le test de l'hypothèse nulle s'écrit :

$$T_J = \frac{J_J(RA_{jt})}{S} \sim T_{n-1},$$

où S est l'écart-type calculé sur les estimateurs Jackknife.

Après avoir passé en revue l'ensemble des problèmes et les différentes étapes nécessaires à la constitution d'une étude d'événement, la question est de savoir quelle est la bonne méthodologie. En effet, la diversité des techniques d'estimation et des tests oblige à effectuer un choix parmi celles-ci. Ainsi, des simulations ont été élaborées afin de détecter la méthodologie qui rejette le mieux l'hypothèse nulle, c'est-à-dire l'existence d'un impact lorsqu'un choc existe. Le prochain chapitre étudie ces différentes études.

6. Pour plus de détails sur cette méthode, voir Quenouille (1956), Tukey (1958), Miller (1974).

CHAPITRE 8

Choix d'une méthodologie

En définitive, devant la variété des techniques d'estimation, quelle est celle qui rejette le plus l'hypothèse nulle lorsqu'il y a un choc et l'accepte en absence de choc. Pour répondre à cette question, une approche par simulation est utilisée. Une revue des résultats obtenus sur le marché américain aboutit à une similitude entre les différentes techniques. Ainsi, les études de Collins et Dent (1984), Malatesta (1986) et McDonald (1987) ont montré que l'utilisation des moindres carrés généralisés apporte des résultats proches des techniques plus simples comme le modèle de marché. Sur le marché français, une comparaison est aussi réalisée par Hachette (1991) à partir de la base de données AFFI-SBF (1990). Les résultats vont dans le même sens que ceux décrits sur le marché américain.

1. Marché américain

Afin de sélectionner la méthodologie qui permet de rejeter au mieux l'hypothèse nulle, une approche par simulation est nécessaire. En effet, la diversité des données à travers les études ne permet pas de conclure à la performance d'une norme. De plus, le fait de rejeter l'expérience une fois ne permet pas de conclure de façon définitive.

Pour ces raisons, dans un certain nombre d'études, des simulations pour comparer les méthodes ont été effectuées. Brown et Warner (1980) ont ainsi été les premiers à procéder de la sorte en réalisant une comparaison entre l'indice et le modèle de marché et la moyenne de la rentabilité du titre sur la période d'estimation en tant que norme. 250 simulations sont réalisées afin de constituer des portefeuilles de 50 titres. Les données sont mensuelles. A la date d'annonce tirée aléatoirement, une constante de 1% ou 5% est ajoutée à la rentabilité du titre. Le pourcentage de rejet de l'hypothèse nulle par un test paramétrique est similaire pour les trois méthodes. Par contre, lorsqu'il existe des dates d'annonce identiques, la norme définie comme la moyenne de la rentabilité du titre rejette insuffisamment l'hypothèse nulle. Par ailleurs, ils utilisent aussi le modèle de Fama-McBeth pour construire des portefeuilles de contrôle par le risque. Les pourcentages de rejet sont similaires à ceux obtenus avec le modèle de marché [1].

Collins, Rozeff et Salatka (1982) montrent que la procédure GLS par le maximum de vraisemblance fournit des résultats significatifs au contraire des Moindres Carrés Ordinaires (MCO). L'étude analyse l'impact d'une modification d'une technique comptable sur les cours boursiers.

Collins et Dent (1984) comparent leur modèle de moindres carrés généralisés (GLS), le modèle de marché et les résidus standardisés de Jaffe (1974). Le nombre de simulations est de 100 avec uniquement 10 titres par portefeuille. Ce faible nombre est choisi du fait de la longueur des calculs lors de l'application des GLS. En premier lieu est examiné le cas d'un choc sur la rentabilité anormale avec une variance identique entre les titres égale à 0,0025. Les résultats sont surprenants puisque, pour un choc de 1% et une corrélation maximale de 0,8, les moindres carrés ordinaires donnent un pourcentage de rejet de 97%, alors que le GLS et le test de Jaffe ne donnent respectivement que 67% et 70%. Ensuite, un choc est introduit en ajoutant une constante multiplicative sur la variance des titres. Ce procédé a pour but de tester l'instabilité de la variance entre les périodes d'estimation et d'événement. Avec un choc sur la variance et sur la rentabilité, le modèle de marché donne de meilleurs pourcentages de rejet à n'importe quel niveau de corrélation. Ensuite, afin de simuler des variances distinctes entre les titres, le modèle de marché est appliqué sur des données hebdomadaires pour tous les titres pendant 100 semaines de juillet 1975 à juin 1977. La distribution des variances des résidus est classée par décile. Au premier titre sera assignée la variance du premier décile, au deuxième, la variance du second décile, etc. Dans le cas de variances non identiques, et d'un choc de 1% sur la rentabilité des titres, le GLS donne des résultats plus performants que les autres méthodes avec un pourcentage de rejet variant de 98% à 100% selon le niveau de corrélation entre les titres alors que le modèle des moindres carrés ordinaires varie entre 91% et 98% et le modèle de Jaffe entre 24% et 77%. Pour une corrélation inférieure à 0,20, la différence entre les moindres carrés ordinaires et le GLS n'est que de 2%. Au-delà, l'écart devient effectivement plus important.

Dans la pratique, l'utilisation d'un échantillon dont les dates d'annonce ne sont pas concentrées a peu de chances d'avoir une corrélation supérieure à 0,20. Par contre les corrections de l'hétéroscédaticité de la variance sont importantes puisqu'en supposant une variance identique et une corrélation nulle, le pourcentage de rejet est de 100% pour un choc de 1% à la fois pour le

1. Thompson (1988-1989) compare le pouvoir de significativité entre le modèle et l'indice de marché sur des firmes individuelles. Le pouvoir explicatif du modèle de marché est supérieur au seuil de 5% à l'indice de marché (au seuil de 1% cette proposition n'est pas vérifiée).

GLS et les moindres carrés ordinaires. Ces pourcentages augmentent respectivement à 100% et 98% lorsque cette hypothèse est levée. Les moindres carrés ordinaires détectent correctement en sous-estimant légèrement l'impact sur les cours boursiers.

Dyckman, Philbrick et Stephan (1984) effectuent 250 simulations sur des portefeuilles de titres variant de 10, 20, 30, 40, 50, 75 et 100 titres. Une date d'événement est tirée aléatoirement sur laquelle est introduit un choc variant de 0%, 1%, 2%, 3%, 4% et 5%. Leur résultat est similaire à celui de Brown et Warner, dans le sens où l'indice et le modèle de marché rejettent correctement et à des pourcentages proches l'hypothèse nulle. L'étude de Brown et Warner (1985) reprend celle de 1980 en utilisant des données quotidiennes. L'utilisation de cette périodicité augmente le pouvoir de significativité des tests. Morse (1984) [2] montre cet effet par le modèle suivant :

$$R_{it} = \alpha_i q + \beta_i R_{mt} + \mu_{it},$$

où $E(\mu_t) = 0$; q, le nombre de séances de bourse dans un mois; $\mathrm{Var}(\mu_{it}) = q\sigma^2$ et $\mathrm{Cov}(\mu_{i,t}, \mu_{i,ts}) = 0$ pour tout $s \neq 0$.

Soit K, le pourcentage de rentabilité anormale lors de l'annonce. Soit σ^2, la variance des résidus sur la période d'estimation qui reprend toutes les informations survenues sur cet intervalle. L'agrégation de la variance des résidus quotidiens, qui sont supposés avoir une autocorrélation nulle, permettra de déduire les variances mensuelles, $q\sigma^2$. Ainsi, soit le tableau suivant pour un échantillon de n firmes :

	Rentabilités quotidiennes	*Rentabilités mensuelles*
RAM	K	K
$\sigma^2(RAM)$	$\dfrac{\sigma^2(\overline{RA_i})}{n}$	$\dfrac{\sigma^2(\overline{RA_i})}{qn}$

Le biais additionnel en confondant les informations survenant dans les rentabilités mensuelles conduit à augmenter la variance des rentabilités anormales. L'hypothèse nulle sera donc moins fortement rejetée avec un test paramétrique. Dans ce sens, Brown et Warner en 1980 rejettent l'hypothèse nulle sur données mensuelles pour le modèle de marché avec un choc de 1% à 22,8% et en 1985 sur données quotidiennes à 78,8%. De plus, de la même manière qu'en 1980, Brown et Warner trouvent des résultats proches entre l'indice et le modèle de marché. Par ailleurs, l'utilisation de l'estimateur

2. Appliqué aux données mensuelles, son résultat peut facilement s'étendre aux données hebdomadaires.

de Dimson ou de Scholes et Williams ne rejette pas l'hypothèse nulle à des pourcentages supérieurs [3].

Brown et Weinstein (1985) comparent trois normes : l'indice, le modèle de marché et un modèle à quatre facteurs. Ce dernier est défini comme :

$$R_{it} = \beta_{1i} f_{1i} + \beta_{2i} f_{2t} + \beta_{3i} f_{3t} + \beta_{4i} f_{4t} + \varepsilon_{jt},$$

avec f_t, les scores factoriels provenant d'une analyse factorielle par le maximum de vraisemblance.

La méthode est identique à celle de Brown et Warner (1985). Avec des rentabilités anormales de 1%, ils aboutissent à un pourcentage de rejet de l'hypothèse nulle de 48,8%, 50,8% et 49,2% selon les modèles. L'APT à quatre facteurs ne fournit donc pas un pouvoir de rejet de l'hypothèse nulle supérieure aux autres méthodes.

Malatesta (1986) effectue 50 simulations de 30 titres sur une période de juillet 1944 à février 1971 sur des données mensuelles. Le mois d'annonce est tiré aléatoirement et une constante de 1% est ajoutée à la rentabilité. La période d'estimation est de 80 mois. Les moindres carrés généralisés sont construits en deux étapes (EGLS). Cette méthode est comparée au test student classique et à celui des rentabilités anormales standardisées. De ces trois statistiques, aucune ne rejette l'hypothèse nulle. D'où la conclusion de Malatesta selon laquelle l'utilisation des GLS n'apporte pas d'amélioration à l'efficience des tests.

Enfin, McDonald (1987) a comparé l'utilisation du modèle de marché et des GLS à partir d'événements réels et simulés. Sur 250 simulations de 30 titres, il trouve des résultats très faibles, c'est-à-dire de 11,2% et 12% de rejet de l'hypothèse nulle pour le modèle de marché et les GLS. Au niveau des divisions d'actions, le pourcentage est de 68% dans les deux cas. Ainsi, de la même manière que Malatesta (1986), il conclut que l'utilisation de méthodes complexes n'est pas forcément adaptée aux méthodologies d'événement.

Dans un autre contexte, Klein et Rosenfeld (1987) ont mis en évidence l'impact de l'évolution du marché sur les études d'événement. Leur modèle se décrit de la façon suivante. La période d'estimation est de −250 jours à −31 jours avant la date d'annonce. Trois types de modèles sont étudiés : l'indice de marché, la moyenne de la rentabilité du titre sur la période d'estimation, le modèle de marché.

De la base CRSP et sur une période de 1969 à décembre 1983, 50 titres sont sélectionnés aléatoirement. Pour chacun d'entre eux, une date est tirée au hasard en période de hausse du marché et une autre en période de baisse. Une constante égale à 0%, 1% ou 5% est alors ajoutée à la rentabilité du titre. Un mois est considéré comme haussier (baissier) si la rentabilité du

3. Dowen et Isberg (1988) confirment les résultats de Brown et Warner (1980-1985) en montrant que les biais relatifs à l'estimation des b ou la corrélation des résidus ne modifient pas le pouvoir de significativité des tests.

marché est positive (négative) et est supérieure (inférieure) à une fois et demi son écart-type [4]. L'indice pris en compte est l'indice pondéré par les capitalisations construit par le CRSP sur lequel est calculé l'écart-type sur une période de 14 ans. Ainsi, les mois sont classés en trois catégories : période de hausse, de baisse ou stable. Selon ce critère, l'échantillon final comprend sept périodes de hausse de 46 mois et cinq périodes de baisse de 23 mois. Chacune des normes calcule la rentabilité anormale du titre puis cette dernière est cumulée en fonction de la catégorie du mois d'annonce.

Les résultats des simulations montrent que pour un choc de 1%, et au moment de l'annonce, la rentabilité moyenne du titre n'est pas significative quelle que soit l'évolution du marché. Par contre, le choix du modèle de marché conduit à des résultats plus significatifs en cas de hausse, et de l'indice de marché en cas de baisse. Au niveau des périodes pré- et post-événement, la méthode de la moyenne de la rentabilité du titre est significative à la fois en cas de hausse et de baisse du marché, ce qui n'est pas le cas des deux autres méthodes. Les auteurs appliquent leur modèle au cas d'annonce de vente d'activités par les sociétés. La méthode de moyenne de la rentabilité du titre donne des résultats significatifs positifs avant, pendant et après l'annonce en cas de hausse du marché. Par contre, en cas de baisse ou de stagnation, la rentabilité n'est significative que pendant la période d'événement. Pour les deux autres méthodes, quelle que soit l'évolution du marché, la rentabilité anormale moyenne cumulée est significative uniquement pendant la période d'annonce. Ainsi, Klein et Rosenfeld (1987) concluent comme Brown et Warner (1980 et 1985) à la mauvaise définition de la norme définie comme la moyenne du titre sur la période d'estimation. Par contre, l'indice et le modèle de marché ne sont pas sensibles à l'évolution du marché et donnent des résultats similaires.

Berry, Gallinger et Henderson (1990) comparent les performances de rejet d'un test non paramétrique et paramétrique. La norme utilisée est le modèle de marché. Les titres sont tirés au hasard de la base de données CRSP; 80 portefeuilles de 25 titres sont formés. Les rentabilités anormales sont construites de la même manière que Brown et Warner (1985). Trois tests sont comparés : le student paramétrique, le test de signe et le Wilcoxon signé. Pour un seuil de 5% et un choc de 1%, le pourcentage de rejet de l'hypothèse nulle est respectivement de 33,8%, 60% et 55%. Quel que soit le test non paramétrique utilisé, les performances sont supérieures au test paramétrique.

Aucune étude, à notre connaissance, n'a testé la performance des portefeuilles de contrôle. Dans le cadre des simulations, les titres étant tirés au hasard, le portefeuille a un risque ou une capitalisation proche de celui du marché. Il serait, dès lors, intéressant de sélectionner uniquement des titres à

4. Pour une définition d'un marché haussier et baissier, voir Fabozzi et Francis (1977).

faible ou forte capitalisation ou autres critères et de comparer la performance du portefeuille de contrôle avec les autres méthodes.

2. Tests sur le marché français

Une comparaison des différentes méthodologies a été réalisée par Hachette (1991) sur le marché français à partir de la base de données AFFI-SBF (1990). Afin d'éviter le biais dû aux données manquantes, les cours manquants sont remplacés par la méthode de répartition uniforme. Des chocs de 1% ou 0,5% sont introduits à la date d'annonce sélectionnée aléatoirement. La période d'estimation est calculée comme étant $(-200, -5)$ jours avant cette date d'annonce. La fenêtre d'événement est comprise entre $(-5, +5)$ jours autour de la date d'annonce. 200 simulations sont effectuées, c'est-à-dire que le calcul des rentabilités anormales moyennes et des tests proposés sont calculés 200 fois et ceci en fonction des caractéristiques choisies telles que la taille des portefeuilles, le choc introduit, le pourcentage de dates d'annonce identiques, le pourcentage de titres identiques. Les étapes de calcul s'effectuent de la manière suivante :

1) Sélection d'un titre i.

2) Date d'annonce tirée aléatoirement sur la période de disponibilité du titre sachant qu'elle doit être située au minimum à 206 jours de la première cotation du titre dans la base de données.

3) Calcul de la rentabilité du titre sur les périodes d'estimation et d'événement, soit 211 jours :

$$R_{it} = \log\left(\frac{C_{it+1} + D_{it+1}}{C_{it}}\right),$$

où $C_{i,t}$ et $C_{i,t+1}$ sont les cours d'ouverture du titre i à la date t et $t+1$ et $D_{i,t+1}$ est le dividende du titre i à la date $t+1$.

4) A la date d'annonce, ajout d'une constante égale à 1% ou 0,5% à la rentabilité du titre (la date est connue avec certitude, il n'y a donc pas de choc en dehors de la date 0).

5) Calcul de la rentabilité anormale du titre i selon la méthode sélectionnée.

6) Les étapes 1), 2), 3) , 4) et 5) sont répétées jusqu'à ce que le nombre de titres tiré soit égal à celui de l'échantillon.

7) Calcul de la rentabilité anormale moyenne.

8) Calcul des différents tests.

9) Les étapes 1) à 8) représentent une simulation et doivent donc être répétées 200 fois.

10) Calcul du pourcentage de rejet.

2.1. *Définition des normes*

Les indices utilisés sont avec réinvestissement des dividendes. De plus ils sont équipondérés ou pondérés par la capitalisation. Les modèles utilisés sont l'indice, le modèle de marché et la moyenne de la rentabilité sur la période d'estimation. Les paramètres sont estimés selon les moindres carrés ordinaires, l'estimateur de Dimson, de Scholes et Williams et de Fowler et Rorke. Le tableau 1 reprend les différentes méthodes étudiées.

TABLEAU 1
Les différents modèles utilisés

N°	*Modèle*	*Paramètres*	*Indice*
1	Indice		Pondéré
2	$AR_{it} = R_{it} - R_{mt}$		Equipondéré
3	Moindres carrés ordinaires	$\widehat{\alpha} = \overline{R_i} - \widehat{\beta}\overline{R_m}$	Pondéré
4	$AR_{it} = R_{it} - (\widehat{\alpha} + \widehat{\beta}R_{mt})$	$\widehat{\beta} = \frac{\text{cov}(R_{it}, R_{mt})}{\sigma(R_m)}$	Equipondéré
5	Dimson	$\widehat{\alpha} = \frac{1}{T-2}\left(\sum_{t=1}^{T-2} R_{it} - \widehat{\beta}\frac{1}{T-2}\sum_{t=1}^{T-2} R_{mt}\right)$	Pondéré
6	$AR_{it} = R_{it} - (\widehat{\alpha} + \widehat{\beta}R_{mt})$	$\widehat{\beta} = \beta_{t-2} + \beta_{t-1} + \beta_t + \beta_{t-1} + \beta_{t+2}$	Equipondéré
7	Scholes et Williams	$\widehat{\alpha} = \frac{1}{T-2}\left(\sum_{t=1}^{T-2} R_{it} - \widehat{\beta}\frac{1}{T-2}\sum_{t-1}^{T-2} R_{mt}\right)$	Pondéré
8	$AR_{it} = R_{it} - (\widehat{\alpha} + \widehat{\beta}R_{mt})$	$\widehat{\beta} = \frac{\beta_{t-2} + \beta_{t-1} + \beta_t + \beta_{t+1} + \beta_{t+2}}{1 + 2\widehat{\rho_1} + 2\widehat{\rho_2}}$	Equipondéré
9	Fowler et Rorke	$\widehat{\alpha} = \frac{1}{T-2}\left(\sum_{t=1}^{T-2} R_{it} - \widehat{\beta}\frac{1}{T-2}\sum_{t=1}^{T-2} R_{mt}\right)$	Pondéré
10	$AR_{it} = R_{it} - (\widehat{\alpha} + \widehat{\beta}R_{mt})$	$\widehat{\beta} = A\widehat{\beta}_{t-2} + B\widehat{\beta}_{t-1} + \widehat{\beta}_t + B\widehat{\beta}_{t+1} + A\widehat{\beta}_{t+2}$	Equipondéré
		$A = \frac{1 + \widehat{\rho_1} + 2\widehat{\rho_2}}{1 + 2\widehat{\rho_1} + 2\widehat{\rho_2}}$ et $B = \frac{1 + 2\widehat{\rho_1} + \widehat{\rho_2}}{1 + 2\widehat{\rho_1} + 2\widehat{\rho_2}}$	
11	$AR_{it} = R_{it} - \overline{R_i}$	Moyenne du titre sur sa période d'estimation	Equipondéré

2.2. *Définitions des tests*

2.2.1. *Test paramétrique*

Ce test est le plus classiquement utilisé dans les études d'événement. Il se définit comme :

$$T_{PAR} = \frac{RAM_t}{S} \sim T_{N-1},$$

où S est l'écart-type sur la période d'estimation et RAM_t la rentabilité anormale moyenne.

2.2.2. *Test par une estimation de la variance reposant sur la médiane*

Rocke et Dows (1981) proposent d'estimer la variance de la façon suivante :

$$S^2 = 3.4528[\text{med}(|RAM_t - T|)],$$

où RAM_t est la série des rentabilités anormales moyennes; T, la médiane de la série et med, la médiane de la différence entre $|RAM_t - T|$.

La statistique s'écrit :

$$T_{\text{MED}} = \frac{RAM_t}{S} \sim T_{N-1}.$$

2.2.3. *Test reposant sur une estimation de la variance où les 10 % des observations extrêmes sont éliminés*

Cette estimation de la variance est proposée par Rocke et Downs (1981). Elle est définie comme :

$$S^2 = A\frac{1}{(1-2\alpha)(n-2n\alpha-1)},$$

avec

- $A = \left[\sum_{t=g+1}^{n-g} RAM_t - \overline{x}_{w^2} + g((x_L - \overline{x}_w))^2) + (x_u - \overline{x}_w)^2)\right]$;
- $g = [n\alpha] + 1$;
- $x_L = (1-r)x_{g+1} + rx_g$;
- $x_u = (1-r)x_{n-g} + rx_{n-g+1}$;
- $r = g - n\alpha$;
- $\overline{x}_w = \frac{1}{N}\left[\sum_{t=g+1}^{n-g} RAM_t + g(x_L + x_u)\right]$;
- $\alpha = 0, 10$.

La statistique s'écrit :

$$T_{\text{TRI}} = \frac{RAM}{S} \sim T_{N-1}.$$

2.2.4. *Test reposant sur la standardisation des rentabilités anormales*

Cette estimation de la variance est utilisée dans Collins et Dent (1984), Jain (1986a), Mikkelson et Partch (1986) :

$$RAS_{it} = \frac{RA_{it}}{S_{it}},$$

avec RAS_{it}, la rentabilité anormale standardisée du titre i à la date t; S_{it}, calculée pour chaque titre à chaque date :

$$S_{it} = \sqrt{V_i^2\left[1 + \frac{1}{T_i} + \frac{(R_{mt} - \overline{R}_m)^2}{\sum_{a=1}^{T_i}(R_{ma} - \overline{R}_m)^2}\right]},$$

avec V_{i2}, la variance sur la période d'estimation du titre; T_i, le nombre de jours composant la période d'estimation; R_{mt}, la rentabilité du marché; R_m, la moyenne de la rentabilité du marché sur la période d'estimation et R_{ma}, la rentabilité de l'indice de marché sur la période d'estimation. La statistique est $Z(RAMS) = \sqrt{N}(RAMS_t) \sim \mathcal{N}(0,1)$, avec N, la taille de l'échantillon et $RAMS_t = \frac{1}{N}\sum_{i=1}^{N} RAS_{it}$.

2.2.5. *Test avec une estimation de la variance par un modèle ARCH(1)*

Le modèle ARCH(1) suppose que les RAM_t suivent le processus suivant :

$$RAM_t = \mu + \varepsilon_t \text{ avec } \varepsilon_t \sim \mathcal{N}(0, \sigma_t^2)$$

et σ_t^2 est calculé à partir de la relation récurrente suivante :

$$\sigma_t^2 = a_0 + a_1\sigma_{t-1}^2,$$

où a_0 et a_1 sont estimés par les moindres carrés ordinaires et $\sigma_0 = 0$. La statistique s'écrit $T_{AR1} = \frac{RAM_t}{\sigma_t} \sim T_{N-1}$.

2.2.6. *Test reposant sur une estimation robuste des rentabilités anormales moyennes*

Rocke et Downs (1981) proposent une méthode d'estimation robuste des rentabilités anormales moyennes RAM_t. Elle a l'avantage d'éviter les problèmes de non-normalité des séries.

Soit T^*, la médiane des RAM_t, solution de l'équation :

$$\phi = \sum \phi\Big(\frac{RAM_t - T}{S0}\Big) = 0, \qquad (1)$$

où $S0 = 6.0\text{med}(|RAM_t - T|)$ est l'écart-type. Soit $\phi(u) = \phi\Big(\frac{RAM_t - T}{S0}\Big)$

$$\begin{aligned} \phi(u) &= u(1-u^2)^2 && \text{si } |u| < 1; \\ \phi(u) &= 0 && \text{sinon.} \end{aligned}$$

Pour résoudre l'équation (1), une solution itérative est nécessaire. Dans la pratique, la convergence est assurée à l'ordre 1, d'où :

$$T^* = T_1 = T0 + \frac{\phi(T0)}{\phi'(T0)}.$$

La valeur de T_1 est introduite dans l'expression de $S0$ et nous donne la valeur de l'écart-type. La statistique s'écrit $T_{\text{ROB}} = \dfrac{RAM_t}{S} \sim T_{N-1}$.

2.2.7. *Test reposant sur une estimation de la variance en coupes instantanées*

Cette estimation de la variance est utilisée dans Brown et Warner (1980-1985) et Christie (1983) :

$$S^2 = \frac{\sum_{i=1}^{N}(RA_{it} - RM_t)^2}{N-1},$$

avec RA_{it}, la rentabilité anormale du titre i à la date t, $RM_t = \dfrac{1}{N}\sum_{i=1}^{N} RA_{it}$ et N, le nombre de titres composant l'échantillon. Le test s'écrit $T_{CPAR_t} = \dfrac{RAM_t}{S} \sim T_{N-1}$.

2.2.8. *Test du signe*

Soit N_+, le nombre de rentabilités anormales positives à la date t et N_-, le nombre de rentabilités anormales négatives à la date t.

Le test non paramétrique s'écrit :

$$T_{CNPAR} = \frac{N_+ - \dfrac{(N_+ + N_-)}{2}}{\sqrt{\dfrac{(N_+ + N_-)}{4}}} \sim \mathcal{N}(0,1).$$

Le tableau 2 effectue un récapitulatif des différents tests proposés.

TABLEAU 2
Les différents tests utilisés

TEST	*Estimation*	*Statistique*	*Loi*
TPAR	Variance calculée sur la période d'estimation	$\frac{RAM_t}{\sigma(RAM_t)}$	Tn-1
TMED	$S^2 = 3,4528[\text{Med}(\|RAM - T\|)$ et T la médiane des RAM	$\frac{RAM_t}{\sigma(RAM_t)}$	T_{n-1}
TTRI	Les 10% extrêmes sont éliminés, $\alpha = 10\%$.	$\frac{RAM_t}{\sigma(RAM_t)}$	T_{n-1}
TROB	$S^2 = A\frac{1}{(1-2\alpha)(n-2\alpha-1)}$ $\Theta = \sum \theta\left(\frac{RAM - T}{S\theta}\right)$	$\frac{RAM_t}{\sigma(RAM_t)}$	T_{n-1}
TAR1	Modèle ARCH(1) $\varepsilon_t \sim \mathcal{N}(0, \sigma_t)$ et $\sigma_t = a_0 + a_1\sigma_{t-1}$	$\frac{RAM}{\sigma_t}$	T_{n-1}
ZRAMS	$S_{it} = \sqrt{V_i^2 + \left[1 + \frac{1}{N_e} + \frac{(R_{mt} - \overline{R}_m)^2}{\sum_{t=1}^{N_e}(R_{mt} - \overline{R}_m)^2}\right]}$ dès lors, $RAS_t = \frac{RA_{it}}{S_{it}}$	$\sqrt{N}RAMS$	$\mathcal{N}(0,1)$
TCPAR	$S_t^2 = \frac{\sum_{i=1}^{N}(RA_{it} - RM)^2}{N-1}$ et $RM = \frac{1}{N}\sum_{i=1}^{N} RA_{it}$	$\frac{RAM_t}{\sigma(RAM_t)}$	T_{n-1}
TCNPAR	$\frac{N_+ - \frac{(N_+ + N_-)}{2}}{\sqrt{\frac{(N_+ + N_-)}{4}}}$		$\mathcal{N}(0,1)$

Note :
RAM_t : rentabilité anormale moyenne à la date t.
$RAMS_t$: RAM_t des rentabilités anormales (RAS_{it}) du titre i à la date t.

Le tableau 3 établit un résumé des performances des méthodes et des tests. Il présente pour chaque catégorie de taille de portefeuille le pourcentage de rejet des trois meilleurs tests pour un choc de 1% au seuil de 1%.

Les meilleurs tests sont incontestablement le ZRAMS et TCNPAR. Toutefois, leurs performances dépendent du choix du modèle adopté. Ainsi, pour 25 titres, le Dimson est meilleur avec le ZRAMS mais pas avec le TCNPAR. Il apparaît ainsi qu'il n'est pas possible de conclure à la supériorité d'une norme par rapport aux autres. Afin de mettre en évidence ce dernier point, le tableau 4 établit le pourcentage pour lequel les normes équipondérées rejettent en

TABLEAU 3
Performances des méthodes et des tests

Nombre de titres	*Test*	*Méthodes*	*% de rejet*
	TPAR	$\overline{R_{it}}$	0,50
5	ZRAMS	Indice – Scholes et Williams	12,00
	TCNPAR	Aucune	
	TPAR	Scholes et Williams	4,50
25	ZRAMS	Dimson	71,00
	TCNPAR	$\overline{R_{it}}$	57,00
	TPAR	Fowler et Rorke	75,50
50	ZRAMS	Scholes et Williams	95,50
	TCNPAR	Dimson	87,50
	TPAR	Moindres carrés ordinaires	97,50
100	ZRAMS	Toutes	100,00
	TCNPAR	Toutes	100,00

même temps, pour une simulation donnée, l'hypothèse nulle. Ce tableau est intéressant puisqu'il montre qu'à chaque simulation, les normes ne conduisent pas à un résultat identique. Ainsi, pour 50 titres, seulement dans 44% des cas, l'hypothèse nulle est rejetée en même temps par les cinq méthodes. Le test paramétrique fournit, et ceci quelle que soit la taille de l'échantillon, les résultats les plus divergents. Lorsque l'échantillon est composé à l'extrême d'un titre ou d'un pourcentage de titres identiques, le pourcentage de rejet de l'hypothèse nulle devrait être similaire à celui d'un portefeuille composé de titres distincts. Afin de vérifier cette dernière proposition, sur un échantillon de 50 titres avec un choc de 1%, un pourcentage variant de 10, 30 et 50% de titres identiques est appliqué. Le tableau 5 présente une comparaison des tests en fonction du pourcentage de titres identiques. Le pourcentage de rejet de l'hypothèse nulle varie peu en fonction du pourcentage du nombre de titres identiques dans l'échantillon. Les performances des tests et des méthodes sont similaires à celles réalisées dans le cadre des rentabilités avec dividende sur un échantillon composé du même nombre de titres.

Sans considérer le cas particulier d'une date d'annonce unique pour l'ensemble des titres composant l'échantillon, un pourcentage variable de dates identiques est étudié afin d'analyser l'impact de la corrélation des titres sur le rejet de l'hypothèse nulle. Les pourcentages varient entre 10%, 30% et 50%. 200 simulations portent sur des échantillons de 50 titres avec un choc de 1%. Le tableau 6 indique les performances des tests en fonction du pourcentage de dates identiques.

Plus le pourcentage de dates identiques augmente dans l'échantillon, moins les tests sont significatifs. Il existe une relation négative entre l'importance du pourcentage de regroupement et les performances des tests. Le

TABLEAU 4

Pourcentages pour lesquels les normes équipondérées rejettent en même temps, pour une simulation donnée, l'hypothèse nulle

Titres	%	*TPAR*	*ZRAMS*	*TCNPAR*
5	Indice	0	0,67	0
	MCO	0	0,67	0
	Dimson	0	0,67	0
	Scholes et Williams	0	1,84	0
	Fowler et Rorke	0,17	5,19	0
25	Indice	1,01	0,84	2,34
	MCO	1,01	0,50	1,67
	Dimson	0,84	0,67	2,34
	Scholes et Williams	1,67	2,18	2,01
	Fowler et Rorke	12,06	26,96	17,92
50	Indice	0,50	2,34	3,52
	MCO	0,67	0,67	3,52
	Dimson	0,50	1,50	2,18
	Scholes et Williams	1,8	1,67	5,02
	Fowler et Rorke	28,97	44,05	35,84
100	Indice	2,20	1,00	1,80
	MCO	0,20	0,60	1,80
	Dimson	0,80	1,80	1,60
	Scholes et Williams	0,80	2,60	2,40
	Fowler et Rorke	36,86	50,49	48,29

TABLEAU 5

Pourcentages de rejet en fonction du pourcentage de regroupement

Seuil	%	*TPAR*	*TMED*	*TTRI*	*TROB*	*TAR1*	*ZRAMS*	*TCPAR*	*TCNPAR*
0,01	1	76,03	56,11	65,18	31,11	74,74	94,55	80,77	87,45
0,01	10	76,91	55,59	64,23	31,64	75,36	95,14	82,14	88,14
0,01	30	75,27	56,36	65,27	31,23	74,23	94,77	78,59	87,05
0,01	50	75,91	56,36	66,05	30,45	74,64	93,73	81,59	87,18
0,05	1	92,05	84,77	88,52	31,11	91,85	98,80	93,62	96,38
0,05	10	91,77	86,73	89,64	31,64	91,59	99,14	92,68	96,91
0,05	30	91,82	84,27	87,36	31,23	91,59	98,91	94,45	96,00
0,05	50	92,55	83,32	88,55	30,45	92,36	98,36	93,73	96,23

Note : % égal à 1 indiquant tous les pourcentages de titres identiques confondus.

test paramétrique est le plus sensible des trois considérés puisqu'il diminue de 73% à 60%. En définitive, la performance des tests varie en fonction des normes utilisées et diminue avec l'augmentation du nombre de dates d'annonce identiques.

TABLEAU 6

Pourcentages de rejet en fonction du pourcentage de regroupement des dates d'annonce

Seuil	%	*TPAR*	*TMED*	*TTRI*	*TROB*	*TAR1*	*ZRAMS*	*TCPAR*	*TCNPAR*
0,01	1	68,14	52,21	58,09	31,59	66,86	92,44	80,41	87,50
0,01	10	73,55	53,00	62,73	30,95	71,91	93,41	78,95	86,73
0,01	30	70,55	54,41	60,95	32,09	69,68	93,00	83,36	89,95
0,01	50	60,32	49,23	50,59	31,73	59,00	90,91	78,91	85,82
0,05	1	85,02	80,02	80,56	31,59	84,82	97,82	91,58	95,42
0,05	10	89,73	81,86	84,05	30,95	89,45	98,73	90,73	95,95
0,05	30	86,86	82,64	83,59	32,09	86,73	97,68	93,00	96,68
0,05	50	78,45	75,55	74,05	31,73	78,27	97,05	91,00	93,64

Note : % égal 1 signifie le pourcentage de regroupement tous pourcentages confondus.

Conclusion

Les méthodologies des études d'événement comprennent deux étapes. D'une part, l'identification des paramètres : l'événement, la date d'annonce et les périodes d'estimation et d'événement. Elle doit être effectuée de manière extrêmement précise car dans le cas d'une mauvaise spécification d'un de ces éléments, l'hypothèse nulle et l'interprétation des résultats sont biaisées. Peu d'études empiriques effectuent une description détaillée de la sélection des échantillons et des dates d'événement, pourtant cette étape explique en grande partie les divergences de résultats.

D'autre part, il faut choisir la technique d'estimation de la norme et les tests à réaliser. Les méthodologies des études d'événement sont très variées, allant des plus simples (indice de marché) aux plus compliquées (moindres carrés généralisés). Dans ce chapitre, il a été effectué une revue de la littérature des différents modèles rencontrés afin de montrer à la fois leurs limites et leurs apports. Par ailleurs, une comparaison de différents modèles et tests a été réalisée afin de déterminer sur le marché français quelle serait la méthodologie la plus performante. La méthodologie générale des études d'événement suppose trois hypothèses principales : la normalité des séries de rentabilités anormales moyennes, l'homoscédaticité et l'absence de corrélation entre les titres. Ces hypothèses conduisent à distinguer trois classes de méthodologies :

– les modèles classiques représentés par l'indice ou le modèle de marché supposent une stabilité des paramètres estimés, une taille et un risque moyen de l'échantillon égal à celui de l'indice de marché. Ils sont, malgré la non-conformité de ces modèles à ces hypothèses, les plus employés et fournissent des pourcentages de rejet de l'hypothèse nulle aussi élevés que les méthodologies plus complexes dans les analyses comparatives;

– les méthodologies tenant compte d'une variance différente entre les titres mais dont les termes de covariance restent nuls. En d'autres termes, la matrice de variance/covariance des rentabilités anormales est diagonale. Lorsque les dates d'événement ne sont pas concentrées sur une période ou sur une date, le terme de covariance est négligeable par rapport au terme de variance. Cette correction apparaît donc la plus importante à réaliser. Les modèles utilisés dans ce cas sont le modèle dichotomique et la standardisation des rentabilités anormales par une variance estimée. De plus, dans cette catégorie de problèmes d'estimation de la variance, des modèles autorégressifs conditionnels sont décrits, de type ARCH (n) ou GARCH (n, p). Ces méthodologies ont pour objectif d'affiner l'estimation de la variance qui intervient au dénominateur du student;

– les méthodologies plus complexes tenant compte des termes de covariance font référence aux moindres carrés généralisés (GLS). En pratique, quatre techniques d'estimation de cette matrice sont proposées : Collins et Dent (1984), le maximum de vraisemblance (McDonald(1988)), le EGLS (Malatesta (1986), McDonald (1987)), les IGLS (McDonald (1987)).

Dans tous les cas, ces estimations sont très difficiles à réaliser sur des micro-ordinateurs lorsque l'échantillon est de taille importante (>30) et la période d'étude longue. De plus, les études comparatives basées sur une approche par simulation ou sur événements réels n'ont pas mis en évidence une performance supérieure de ces méthodes. En ce qui concerne le problème de la normalité, des tests non paramétriques peuvent être utilisés tels que le test de signe, de Corrado (1989), le Jackknife ou le Wilcoxon signé. Berry, Gallinger et Handerson (1990) comparent les performances en termes de taux de rejet entre les tests paramétriques et non paramétriques et concluent à une supériorité des seconds par rapport aux premiers.

Enfin, au niveau du calcul empirique, les problèmes de données manquantes et d'asynchronisme des données introduisent des biais importants. L'asynchronisme des données se corrige en estimant les paramètres du modèle par les méthodes de Scholes et Williams (1977), Dimson (1979) ou Fowler et Rorke (1983). En ce qui concerne les données manquantes, deux méthodes sont généralement utilisées. D'une part, les données manquantes sont ignorées conduisant à ne pas calculer les rentabilités en t et $t - 1$. Si la fréquence de cours manquants est importante, le titre doit être éliminé. Or, dans le cas des études d'événement, les échantillons sont souvent de petite taille, limitant alors le pouvoir de significativité des tests. La deuxième méthode consiste à remplacer les données manquantes. Hachette et Mai (1991) proposent la méthode de répartition uniforme comme étant celle qui minimise les écarts entre les cours théorique et lissé.

En définitive, la question qui se pose est de savoir quelle est la méthodologie qu'il faut employer sur le marché français? Pour répondre à cette question, une étude comparative est effectuée en utilisant une approche similaire à celle de Brown et Warner (1985). Les techniques d'estimation comparées sont l'indice et le modèle de marché, Scholes et Williams, Dimson, Fowler et Rorke et la moyenne de la rentabilité du titre. Deux indices sont employés : l'indice pondéré et équipondéré. Les tests utilisés sont les students classiques et standardisés, le student en coupes instantanées et plusieurs tests non paramétriques. Les résultats, quoique fortement similaires à ceux de Brown et Warner (1985), font apparaître quelques spécificités. La similarité avec les études antérieures se réalise à plusieurs niveaux :

– le nombre de titres composant les échantillons représente le facteur principal des performances des méthodologies. Ainsi, pour un choc de 1% et des échantillons de 5, 25, 50 titres, les pourcentages de rejet avec les moindres carrés ordinaires (MCO) sont respectivement de 0,5%, 40% et 73,50%;

– le pourcentage de rejet de l'hypothèse nulle est identique quelles que soient les techniques d'estimation prises en compte. Ainsi, pour un choc de 1% et un échantillon de 50 titres, le test paramétrique rejette avec un indice équipondéré l'hypothèse nulle à 73% pour l'indice de marché, 73,50% pour les MCO, 74,50% avec Dimson, 77% avec Scholes et Williams, 73,50% avec la rentabilité moyenne du titre;

– l'indice pondéré met en évidence un effet taille en affichant des rentabilités anormales supérieures à un indice équipondéré. Pour un choc de 1% et un échantillon de 50 titres, l'hypothèse nulle est rejetée à 75,50% avec les MCO sur indice pondéré et 73,50% avec les MCO sur indice équipondéré;

– le regroupement par titres et par dates fait apparaître une nette diminution du rejet de l'hypothèse nulle. Plus le pourcentage de regroupement est important, moins les techniques d'estimation sont performantes. De la même manière que dans le cas général, aucune méthode ne fournit des résultats supérieurs. Le problème de la covariance n'intervient que de façon indirecte dans les calculs effectués par l'intermédiaire du regroupement par dates. Dans ce cas, la baisse de la performance de tous les tests provient du fait qu'aucun n'est basé sur une estimation des termes de covariance. Ainsi, dans le cas où les dates d'annonce sont dispersées sur une période, ce problème intervient peu dans le rejet de l'hypothèse nulle;

– les rentabilités sans dividende fournissent, dans tous les cas étudiés des pourcentages de rejet supérieurs aux rentabilités avec dividendes. Ce résultat peut se justifier par l'absence de loi sur les distributions de dividendes. Ainsi, en tenant compte des dividendes, les rentabilités anormales sont davantage déviées de leur normalité. Les écarts sont très importants puisque pour un choc de 1% et un échantillon de 50 titres, le student standardisé fournit un pourcentage de rejet de 94,50% avec dividende et 98,88% sans dividende.

En conclusion, lors de l'élaboration d'une étude d'événement, il apparaît que le choix d'une technique d'estimation simple telle que l'indice de marché est satisfaisant. En termes de test, il est nécessaire d'utiliser des tests qui standardisent les rentabilités anormales par la variance du titre et qui corrigent la déviation de la normalité par les rentabilités anormales moyennes.

TROISIÈME PARTIE

APPLICATION SUR LE MARCHÉ FRANÇAIS

Introduction

Les modèles théoriques sont unanimes sur l'existence d'une liaison entre les opérations financières d'une firme et sa valeur. Toutefois, le sens de la modification de cette dernière et les motivations de la décision de changer la structure financière de l'entreprise sont variés et souvent contradictoires. Cette partie a pour objectif de mesurer dans quelle mesure les opérations financières réalisées sur le marché français affectent les décisions d'investissement ou les opportunités de croissance et conduisent à un changement de la valeur de la firme et de la richesse des actionnaires. Pour ceci, il est réalisé tout d'abord une analyse institutionnelle du marché français afin de connaître les opérations financières effectuées par les entreprises. Ainsi, ce sont les émissions d'obligations et d'actions qui sont les plus courantes. A partir de cette constatation, une étude empirique est réalisée sur l'impact sur les cours actions d'une annonce d'émission de titres. La période d'étude – 1980 à 1990 – a été choisie en raison de la disponibilité des données d'une part et du développement des marché des capitaux sur cette période dus à leur libéralisation et à la concurrence internationale d'autre part. Ainsi, pendant cette période les montants des émissions d'actions et d'obligations ont augmenté respectivement de 845 % et 205 % [1].

Cette partie est donc organisée de la façon suivante. Un premier chapitre présente une analyse institutionnelle du marché français. L'objectif est de mettre en évidence les principales opérations financières effectuées par les entreprises françaises. Ensuite, dans un deuxième chapitre, une revue de la littérature des résultats théoriques et empiriques de l'impact sur les cours d'une annonce d'émission de titres est présentée. Enfin, dans un dernier chapitre, l'étude des émissions d'actions ou d'obligations sur le marché français est effectuée.

1. Voir Ginglinger (1991) pour une étude complète des moyens de financement des entreprises.

CHAPITRE 9

Aspects institutionnels des titres analysés

Avant d'étudier les conséquences d'une modification de la structure financière d'une entreprise, il est nécessaire, au premier abord, de définir les opérations financières en cause, c'est-à-dire les émissions d'obligations et d'actions qui représentent les sources principales de financement de long terme de l'entreprise. L'obligation augmente l'endettement de la firme tandis que l'action constitue une levée de fonds propres. Afin de mesurer l'importance de ces moyens de financement, une comparaison des montants des émissions d'actions et d'obligations est présentée dans le tableau 1.

TABLEAU 1
Montant des émissions d'actions et d'obligations
(en millions)

	Actions	*% sur la période*	*% en année t*	*Obligations*	*% sur la période*	*% en année t*
1980	24,134	2,02	17,70	111,676	3,98	82,30
1981	31,548	2,64	22,78	106,896	3,81	77,22
1982	37,060	3,11	19,32	154,708	5,52	80,68
1983	41,418	3,47	17,31	197,727	7,05	82,69
1984	44,981	3,77	15,28	249,969	8,92	84,75
1985	77,567	6,51	19,67	316,718	11,30	80,33
1986	143,402	12,04	28,97	351,473	15,54	71,03
1987	156,646	13,15	34,57	296,446	10,58	65,43
1988	158,895	13,34	31,43	346,556	12,37	68,57
1989	246,901	20,73	42,81	329,815	11,77	57,19
1990	228,177	19,16	40,23	338,956	12,10	59,77
Total	1,190,729	100		2,800,940	100	

Source : *Année Boursière* (SBF).

Le financement par les marchés des capitaux a nettement augmenté depuis dix ans puisque le nombre des émissions d'actions et d'obligations a augmenté respectivement de 845% et de 203%. Ce tableau fait apparaître une nette préférence des entreprises pour le financement par dette, même si l'écart, ces dernières années, entre les deux modes de financement se réduit (40,23% en 1990 en financement par actions contre 19,67% en 1985). Cette lente évolution du marché des actions, représentée dans la figure 1, peut en partie s'expliquer par les ruptures temporelles dues aux privatisations et aux nationalisations.

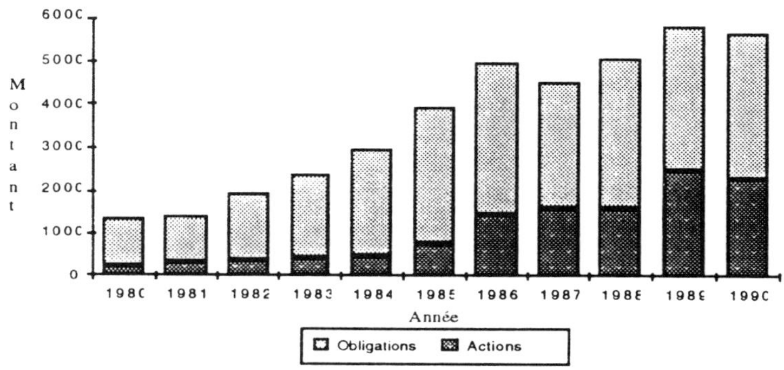

FIGURE 1
Evolution du montant des émissions d'actions et d'obligations
(en 00'000)

Le financement par dette s'inscrit dans une politique d'endettement à terme de l'entreprise et résulte donc d'un arbitrage entre la croissance de la firme et son risque. Ginglinger (1991) en souligne les principales raisons :

– l'endettement constitue un instrument de croissance : il permet de collecter des fonds dans la limite des capacités financières de la firme, plus facilement et plus rapidement que les capitaux propres externes. De plus, ce mode de financement est moins sensible à la conjoncture du marché boursier que les émissions d'actions, même si l'évolution de la structure des taux n'est pas négligeable. Par ailleurs, l'endettement ne modifie pas la structure de l'actionnariat dans l'entreprise. Enfin, il apporte des avantages fiscaux pour les entreprises dégageant des résultats positifs puisque les intérêts sont déductibles du montant imposable;

– l'endettement est un multiplicateur de risque en raison d'une part de la réduction de l'autonomie de la firme et d'autre part de l'accroissement de son risque d'insolvabilité.

La poursuite de la croissance par endettement est forcément limitée par la capacité d'endettement de l'entreprise et conduit donc à terme à un réajustement de la part des actionnaires dans le capital de la firme par augmentation de capital. Toutefois, une modification du capital social de l'entreprise peut prendre deux formes. D'une part, par une augmentation du nombre de titres ou par élévation de la valeur nominale, le capital est augmenté. Toutes les opérations de cette catégorie ne conduisent pas forcément à de nouvelles ressources. D'autre part, le capital social peut être réduit en vue, le plus généralement, d'apurer les pertes de l'entreprise.

1. Le marché obligataire français

L'émission d'obligations conduit à un endettement supplémentaire de la firme et résulte d'une décision alternative entre la capacité d'autofinancement de la firme et son niveau d'endettement. Ce mode de financement présente l'inconvénient de réduire l'autonomie de la firme et d'accroître son risque. Toutefois, depuis 1983, le marché obligataire a connu un net développement en termes d'émissions puisque entre 1983 et 1990, son montant a augmenté de 71%. De plus, les caractéristiques de ces opérations financières se sont complexifiées afin de tenir compte de l'incertitude des taux d'intérêt et de la concurrence plus importante sur les produits offerts. Ainsi, aux obligations simples ont été rattachés des bons de souscription d'actions ou d'obligations. Cette section présente les caractéristiques des émissions d'obligations en distinguant celles avec et sans clause optionnelle.

1.1. *Les obligations sans clause optionnelle*

Les obligations sans clause optionnelle sont des emprunts simples qui se distinguent les uns des autres par la valeur nominale, la qualité de l'émetteur, les taux d'intérêt, le mode de remboursement, la possibilité de rachat en Bourse et leur durée de vie à maturité. L'Assemblée Générale Ordinaire a seule compétence pour décider ou autoriser une émission d'obligations, mais elle peut déléguer cette décision au Conseil d'Administration. Dans ce cas, l'émission doit se réaliser dans un délai de cinq ans à compter de la date qui l'a autorisée.

1.1.1. *Valeur nominale*

Les emprunts obligataires doivent être émis en titres de 100 F ou multiples de 100 F. Actuellement, la plupart des obligations ont une valeur nominale de 5 000 F. En 1990, la valeur maximale observée était de 20 000 F.

1.1.2. *Qualité de la signature*

La qualité de la signature de l'émetteur mesure le risque de défaut de la société émettrice. Plus l'émetteur est risqué, plus le taux d'intérêt est élevé afin de rémunérer l'investisseur d'une probabilité non nulle de risque de faillite. Trois grandes catégories sont distinguées : les fonds d'Etat, les émissions du secteur public et les émissions du secteur privé. Le tableau 2 indique la part des émissions selon la qualité de la signature des émetteurs.

TABLEAU 2
Nombre et montant des émissions selon la qualité de la signature des émetteurs

	Fonds d'Etat		*Secteur public*		*Secteur privé*	
Année	*Nombre*	*Montant*	*Nombre*	*Montant*	*Nombre*	*Montant*
1980	3	31,000	48	60,735	62	19,938
1981	2	25,000	49	57,368	54	16,064
1982	4	40,000	70	111,776	86	21,693
1983	6	51,010	71	198,026	121	35,840
1984	10	85,199	78	107,466	103	39,546
1985	9	99,899	69	130,225	161	57849
1986	9	148,833	87	148,689	125	47,612
1987	5	111,585	91	156,858	144	49,194
1988	4	91,912	97	176,291	181	83,189
1989	5	130,254	86	158,289	169	71,183
1990	3	137,554	95	165,810	148	69,599
Total	55	952,246	841	1,471,535	1 354	511,708

Source : *Année Boursière*

Le nombre d'emprunts du secteur privé représente 60% des émissions totales des obligations, un net développement étant apparu à partir de 1983. De plus, si en nombre les émissions d'emprunts privés sont les plus importantes, en termes de montant elles sont les plus faibles, ne représentant que 17,43% du montant total des emprunts sur la période, alors que le secteur public effectue 50,12% du montant total des émissions.

1.1.3. *Types de taux*

Les obligations à taux fixe sont les plus courantes mais ont le désavantage, en période de hausse des taux d'intérêt, de faire baisser la valeur des obligations. Depuis 1968, date à partir de laquelle a commencé la hausse des taux, il est apparu nécessaire d'introduire de nouveaux produits dont le rendement puisse suivre la hausse des taux limitant ainsi les moins- values lors de la revente des titres. Plusieurs emprunts sont alors apparus, appuyés le plus souvent sur des taux variables ou révisables.

Les obligations à taux fixe versent régulièrement un revenu dont le montant est précisé dans le contrat d'émission. En France, les coupons sont généralement payés une seule fois par an, en Angleterre, aux Etats-Unis et au Japon, les paiements des intérêts sont le plus souvent trimestriels. A l'échéance, les emprunts sont remboursés. Toutefois, il existe quelques cas particuliers, tel que le FELIN [1] qui représente un emprunt classique démembré en une série de zéro coupon correspondant à chacune de ses échéances. Le tableau 3 indique le nombre des émissions à taux fixe.

TABLEAU 3

Nombre d'émissions d'obligations à taux fixe selon la qualité de la signature des émetteurs

	Fonds d'Etat		*Secteur public*		*Secteur privé*	
Année	*Nombre*	*Montant*	*Nombre*	*Montant*	*Nombre*	*Montant*
1980	3	31,000	46	58,496	6	9,990
1981	2	25,000	40	48,742	19	6,796
1982	4	40,000	53	62,723	18	5,965
1983	6	51,010	55	83,434	57	22,672
1984	8	60,118	43	59,366	32	14,940
1985	6	67,679	48	88,785	50	20,432
1986	7	142,959	48	111,937	48	17,421
1987	4	84,148	33	76,778	38	15,412
1988	2	51,692	35	100,168	38	27,698
1989	4	103,395	46	121,462	55	38,457
1990	3	125,304	64	149,160	32	23,415
Total	49	782,305	511	961,051	393	203,198

Source : *Année Boursière.*

Le nombre d'obligations à taux fixe sur la période représente 41,23% du total des émissions avec une forte hausse à partir de 1983. Le secteur public représente plus de 49% du montant des émissions alors que le secteur privé n'en effectue que 10,43% sur la période. Les obligations à taux variable [2] sont remboursées sur la base d'un prix fixé dans le contrat d'émission, mais contrairement aux obligations à taux fixe, le montant des intérêts varie en fonction d'un taux de référence. Leur principal intérêt, comme le souligne Bito (1988), est d'adapter le taux du coupon à l'évolution des taux d'intérêt. Le mode du calcul du coupon n'est plus fixé pour toute la durée de vie de l'emprunt (obligation à taux fixe) mais peut être calculé de façon pré- ou post-déterminée :

– pré-déterminé : le montant du prochain coupon est fixé à l'avance. A la date de départ à courir pour la nouvelle échéance, le taux d'intérêt est fixé au niveau par exemple du taux des dernières émissions. Cette méthode présente l'avantage de connaître à l'avance le montant du coupon. Le souscripteur s'assure ainsi sur la durée de vie de l'obligation un rendement proche de la

1. Fonds d'Etat d'Intérêt Nominal.

2. Voir Jacquillat et de Laguiche (1990-1993) et de Laguiche (1990) pour une explication détaillée du fonctionnement et de l'évaluation des obligations à taux variable.

moyenne du taux de référence. Toutefois, celui-ci reste fixe pendant la période et est donc sensible aux fluctuations des cours (ou des taux d'intérêt);

– post-déterminé : le montant du coupon est fixé au terme de l'échéance et est estimé au fur et à mesure.

Les taux sont fixés par rapport à un marché de référence qui correspond au marché obligataire ou monétaire. Les taux de référence sur le marché obligataire sont les suivants :

– TMO : taux du marché obligataire, moyenne des taux mensuels des emprunts non garantis par l'Etat;
– TME : taux moyen des emprunts d'Etat. C'est un taux moyen de l'ensemble des emprunts d'Etat à long terme (> sept ans) constatés sur le marché secondaire;
– TRA : taux révisable. Le coupon préfixé est mesuré tous les ans, l'indice est le TMO;
– TRO : taux révisable tous les trois mois seulement et basé sur l'indice TMO;
– TRE : le coupon préfixé par l'indice TME;
– TRB : le coupon préfixé par l'indice TMM.

Les taux de référence sur le marché monétaire sont les suivants :

– TMB : taux du marché monétaire au jour le jour;
– TMM : taux mensuel du marché monétaire TIOP ou PIBOR (taux interbancaire de Paris);
– TAM : taux annuel monétaire. Les coupons sont post-déterminés en fonction du taux moyen du marché interbancaire au jour le jour durant un an, sur une base de capitalisation mensuelle des intérêts;
– T6M : taux du marché monétaire à six mois;
– T4M : taux moyen mensuel du marché monétaire au jour le jour;
– P3R : PIBOR 3 mois révisable (coupon pré-déterminé);
– P3M : PIBOR 3 mois moyen (coupon post-déterminé);
– PIC : PIBOR 1 mois capitalisé (coupon post-déterminé).

Le tableau 4 indique le nombre des émissions d'obligations à taux variable en fonction de la signature de l'émetteur.

Depuis 1985, les entreprises du secteur privé ont davantage émis d'emprunts à taux variable qu'à taux fixe. Le nombre total des émissions de 1985 à 1990 est de 557 pour les émissions à taux variable et seulement de 231 pour les émissions à taux fixe. En revanche, le secteur public utilise nettement moins les taux variables dans ses emprunts (162 contre 274 en taux fixe sur la période). Les montants des émissions à taux variable sont nettement inférieurs à ceux des obligations à taux fixe, et ceci quelle que soit la qualité de la signature de l'émetteur. Le tableau 5 indique le nombre des émissions d'obligations à taux révisable.

TABLEAU 4

Nombre et montant des émissions d'obligations à taux variable selon la qualité de la signature des émetteurs (en millions)

Année	*Fonds d'Etat*		*Secteur public*		*Secteur privé*	
	Nombre	*Montant*	*Nombre*	*Montant*	*Nombre*	*Montant*
1980	0	0	2	650	17	4,030
1981	0	0	8	7,200	28	7,350
1982	0	0	10	10,877	59	17,839
1983	0	0	8	6,809	31	5,881
1984	2	0	21	22,250	45	13,638
1985	0	0	15	18,550	91	26,698
1986	2	0	35	26,280	64	22,772
1987	1	27,440	60	67,793	110	29,307
1988	1	17,660	20	20,963	121	31,368
1989	1	15,650	20	139,890	80	10,916
1990	0	0	12	4,550	91	15,294
Total	7	60,750	211	199,911	638	185,093

Source : *Année Boursière.*

TABLEAU 5

Nombre et montant des émissions d'obligations à taux révisable selon la qualité de la signature des émetteurs (en millions)

Année	*Fonds d'Etat*		*Secteur public*		*Secteur privé*	
	Nombre	*Montant*	*Nombre*	*Montant*	*Nombre*	*Montant*
1980	0	0	0	0	0	0
1981	0	0	1	750	0	0
1982	0	0	0	0	0	0
1983	0	0	8	8,771	15	2,001
1984	2	25,082	14	25,350	18	18,394
1985	3	32,220	6	11,950	9	4,230
1986	0	0	4	7,180	4	3,900
1987	1	45	4	1,760	1	1,900
1988	1	22,502	42	33,514	0	0
1989	0	0	20	13,880	17	4,850
1990	0	0	19	5,573	2	250
Total	7	79,849	118	108,728	66	35,525

Source : *Année Boursière.*

Le nombre d'obligations à taux révisable est inférieur à la fois à celui des taux variable et fixe. En 1988, le secteur public avait émis 42 emprunts de ce type, mais ce rythme ne s'est pas poursuivi les années suivantes. Le montant de celles du secteur privé ne représente que 19% du montant des émissions à taux variable.

Par ailleurs, on distingue les obligations indexées qui ont un intérêt et un capital qui varient en fonction d'un indice déterminé mais qui ne peuvent cependant pas, en France, être liées au coût de la vie. Actuellement, il existe des indexations sur l'or (tel que le fameux emprunt Pinay 4,5% 1977), sur l'ECU (OAT 9,50% 1990) ou sur l'indice boursier (Nord-Est en mars 1990 sur le CAC).

Les titres participatifs sont des produits intermédiaires entre les actions et les obligations. En effet, la rémunération est en partie fixe, et en partie variable indexée sur le résultat de l'entreprise et assortie souvent d'un minimum et d'un plafond. Ces titres ont été créés en janvier 1983 afin de permettre aux entreprises du secteur public de lever des fonds propres, dans la mesure où les émissions d'actions leur sont interdites. Le tableau 6 indique le nombre et le montant des titres participatifs.

TABLEAU 6

Nombre et montant des émissions des titres participatifs
(en millions)

Année	*1983*	*1984*	*1985*	*1986*	*1987*	*1988*	*1989*	*1990*	*Total*
Nombre	5	7	13	1	0	0	2	0	28
Montant	4,050	3,875	7,797	150	0	0	750	0	17,212

Source : *Année Boursière.*

Le nombre et le montant des titres participatifs sont nettement inférieurs par rapport à ceux des obligations à taux fixe ou variable.

1.1.4. *Le remboursement*

Les obligations ont la possibilité d'avancer ou de retarder la date de remboursement. Dans le premier cas, on parle d'obligation à remboursement anticipé et dans le deuxième cas de remboursement prorogeable. Ces emprunts sont dits à fenêtre lorsque l'option de remboursement est à la fois à la demande du porteur et de l'émetteur. Dans tous les cas, le montant et le nombre de flux qu'ils génèrent sont incertains. Les dates et les prix sont fixés dans le contrat d'émission.

1.1.5. *Types de remboursement*

Le mode de remboursement de l'emprunt est fixé dans le contrat d'émission. Les fiches DAFSA distinguent dix modes de remboursement distincts qui sont les suivants : rente perpétuelle, annuité constante, amortissement constant, séries égales annuelles, séries inégales annuelles, remboursement in fine, remboursement par séries toutes les K années, remboursement par séries avec des modalités particulières, annuité constante allégée et divers.

La rente perpétuelle constitue un emprunt dont le capital n'est jamais remboursé, mais dont les intérêts sont versés à perpétuité. Le remboursement par annuité constante verse à chaque échéance la même charge financière de l'emprunt (total capital remboursé plus intérêts payés). L'entreprise répartit ainsi de façon uniforme la charge de l'emprunt. Le remboursement par amortissement constant consiste à rembourser un nombre égal d'obligations pendant toute la durée de vie de l'obligation. La charge totale de l'emprunt est ainsi décroissante, en raison de la diminution des intérêts à verser aux obligataires. Le remboursement par séries égales annuelles consiste à amortir un nombre égal de titres chaque année ou plusieurs fois dans une année (séries égales pluriannuelles). Le remboursement peut aussi n'être fixé que toutes les K années.

Le remboursement du capital à l'échéance peut ne pas se réaliser en espèces mais en actions, c'est le cas de l'obligation remboursable en actions (ORA). Elle représente une obligation classique et une garantie que le prix de remboursement s'effectue en actions. Ce mode de financement assure donc à l'échéance de l'emprunt (entre 5 et 7 ans) une levée de nouveaux fonds propres certaine, ce qui n'est pas le cas avec des OBSA ou des obligations convertibles. Par rapport à ces dernières, le porteur d'une ORA n'a pas la possibilité de refuser le remboursement en actions. Le taux d'émission est compris entre le taux des emprunts à taux fixe et celui des convertibles puisque l'investisseur a la possibilité de devenir actionnaire sans que cela ait un caractère optionnel. En 1990, le nombre de ces émissions reste marginal par rapport aux émissions d'obligations classiques. Compte tenu du faible intérêt de ce produit pour les investisseurs dans la mesure où ils sont tenus de devenir actionnaires et ceci uniquement à l'échéance, des émetteurs ont proposé avec les ORA des bons de souscription d'actions. Ceci a été le cas par exemple de Catteau Etablissement en 1988 et Imetal en 1989. Ces bons peuvent être aussi remboursables avant l'échéance par l'émetteur tel que l'a proposé Cascades en 1989.

1.1.6. *Rachat en Bourse*

Cette clause permet à l'émetteur d'amortir son emprunt par voie de rachat en bourse. Cette faculté est souvent limitée à la moitié du nombre de titres à amortir pour une échéance donnée.

1.1.7. *Durée de vie*

La durée de vie correspond à la période séparant la date d'émission de la date de la dernière échéance de l'emprunt.

1.2. *Les obligations avec clauses optionnelles*

Les obligations à clauses optionnelles se définissent comme étant des obligations à taux fixe ou variable ayant à l'émission une option de conversion ou d'échange en une autre valeur mobilière. Les deux cas les plus courants sont les obligations à bons de souscription d'actions (OBSA) et les obligations convertibles en actions.

1.2.1. *Les OBSA et les obligations convertibles*

Les OBSA et les obligations convertibles sont des valeurs mobilières similaires dans la mesure où ces obligations portent une option d'achat sur les actions de la société émettrice. Mais elles se distinguent en plusieurs points :

– la loi du 6 novembre 1969 définit le cadre juridique de l'obligation convertible alors que ce n'est que le 3 janvier 1983 que les OBSA ont été autorisées;

– le bon de l'OBSA est immédiatement détaché et coté séparément après l'émission alors que l'obligation convertible garde son option attachée tout au long de sa durée de vie. En d'autres termes, l'investisseur d'une OBSA, quelle que soit sa décision d'exercer ou non le bon, reste obligataire alors que la conversion de l'obligation convertible lui fait perdre son statut d'obligataire. Ces caractéristiques constituent le fondement même de leur différence et donc de leur appréciation par les investisseurs;

– la durée de conversion de l'OBSA est plus courte que celle de l'obligation convertible. Dans le premier cas, elle s'effectue dans les périodes définies dans le contrat d'émission, alors que dans le deuxième cas elle se réalise tout au long de la durée de vie de l'emprunt.

Les obligations convertibles et les OBSA obéissent à des caractéristiques similaires :

– elles sont émises par des sociétés par actions en excluant de ce droit les entreprises nationalisées ou mixtes;

– seules les Assemblées Générales Extraordinaires (AGE) des actionnaires sont compétentes pour autoriser les émissions. Elles doivent se prononcer sur le montant maximal des actions pouvant être souscrites et sur les modalités de calcul du ou des prix de souscription. Le Conseil d'Administration ou le Directoire procède à la réalisation matérielle de l'opération telle que la durée de l'emprunt, le montant nominal des obligations, le taux d'intérêt;

– les taux d'intérêt sont plus faibles que ceux des emprunts classiques en raison de l'option d'achat associée au produit (pouvant aller d'une différence de 3 à 4 points). L'émetteur a donc un mode de financement explicitement moins coûteux que les obligations classiques;

– ces obligations offrent une rémunération minimale donnée par la valeur de l'obligation et permettent de bénéficier de la croissance du cours des actions;

– l'augmentation du capital résultant de la conversion en actions ou de l'exercice des bons est échelonnée dans le temps. Elle provient de la valorisation du cours des actions, permettant de différer la dilution des anciens actionnaires et les charges financières.

Les OBSA, par leur possibilité d'exercer les bons, offrent une grande souplesse de gestion et des opportunités de spéculation. L'investisseur peut :

– céder les bons et conserver les obligations afin de réaliser des plus-values sur les bons et de profiter d'une baisse des taux;

– vendre les obligations et conserver les bons pour réaliser une double opération;

– profiter d'une hausse substantielle des cours de l'action et de l'aspect spéculatif du bon;

– tirer avantage de la législation fiscale : la vente des obligations, cotées en dessous du pair du fait du faible taux facial, dégage une moins-value, qui pourra ainsi venir compenser des plus-values réalisées par ailleurs.

L'obligation convertible apparaît comme un produit moins spéculatif que l'OBSA dans la mesure où l'option de conversion est exerçable pendant toute la durée de vie de l'obligation. La seconde dispose de cette option uniquement sur certaines périodes définies dans le contrat d'émission et sur une périodicité de court terme. Dès lors, cette dernière est principalement émise par des entreprises de forte croissance à court terme alors que l'obligation convertible est davantage émise par des entreprises disposant d'un potentiel de croissance sur le long terme. Celle-ci ne constitue donc pas un placement idéal pour les investisseurs cherchant à maximiser la rentabilité de leur portefeuille sur une courte période. Le tableau 7 indique le nombre et le montant des émissions d'OBSA.

TABLEAU 7

Nombre et montant des émissions d'OBSA (en millions)

Année	*1983*	*1984*	*1985*	*1986*	*1987*	*1988*	*1989*	*1990*	*Total*
Nombre	3	19	20	22	29	5	3	2	103
Montant	1,400	4,646	3,033	7,125	7,718	4,492	4,492	1,100	34,006

Source : *Année Boursière.*

A la suite de la crise boursière de 1987, les OBSA sont apparues comme des produits fortement exposés à la baisse des cours, certains bons de souscription ayant perdu toute valeur à la fin de l'année. Le tableau 8 indique le nombre et le montant des émissions d'obligations convertibles.

TABLEAU 8

Nombre et montant des obligations convertibles
(en millions)

Année	*Nombre*	*Montant*
1980	8	642,3
1981	3	763,6
1982	3	421
1983	13	2 489
1984	5	573
1985	11	5 446
1986	6	1 403
1987	3	3 402
1988	18	19 555
1989	8	10 161
1990	12	18 279
Total	90	63,134,9

Source : *Année Boursière.*

Alors qu'après 1987 les OBSA connaissent une nette désaffection de la part des émetteurs, le nombre des obligations convertibles augmente en raison de leur plancher à la baisse donné par la valeur nue [3] de l'obligation. Ces deux valeurs mobilières apparaissent donc comme des modes de financement alternatifs. La figure 2 indique le montant des OBSA et d'obligations convertibles sur la période.

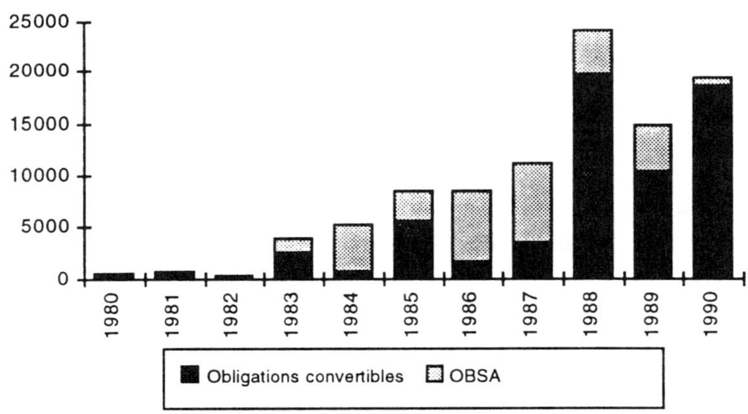

FIGURE 2

Comparaison du montant des émissions des OBSA et des obligations convertibles
(en millions)

3. La valeur nue de l'obligation convertible représente le cours fictif d'une obligation classique équivalente qui aurait été émise par la même société.

Des variantes de ces deux produits ont été élaborées. Ainsi, des OBSAR qui constituent des OBSA avec la faculté de rachat des bons donnent la possibilité aux souscripteurs de revendre leurs bons à la société. Ceci a été le cas par exemple de Pinault en septembre 1989. Des obligations convertibles avec bons de souscription ont aussi été émises : les obligations convertibles à bons de souscription d'actions. Par exemple, Casino 6% en 1989, Rochette 7% en 1990, Schneider 6,5% en 1990 et SPEP 6,75% en 1990.

1.2.2. *Les OBSO*

Les OBSO sont des obligations à bons de souscription d'obligations. La décision de l'émission est prise, comme pour les OBSA, par une Assemblée Générale Extraordinaire, le Conseil d'Administration ou le Directoire ne procédant qu'à la réalisation matérielle de l'opération. L'exercice des bons dépend de l'évolution des taux d'intérêt, surtout lorsque la deuxième émission est à taux fixe. Si l'émission est à taux variable, ces problèmes d'anticipation de l'évolution des taux d'intérêt sont moins prononcés. Les investisseurs exercent les bons si les taux du deuxième emprunt sont au moins égaux à ceux du marché. Le taux du premier emprunt est inférieur à celui des obligations classiques en raison de l'option d'achat liée à l'emprunt. En effet, l'investisseur détenteur du bon de souscription acquiert un produit nettement plus volatil que le support, toute baisse étant, comparée au cours des obligations, plus sensible à l'évolution des taux d'intérêt. Le tableau 9 indique le nombre et le montant des émissions d'OBSO.

Les émissions d'OBSO constituent un moyen de financement peu utilisé par les sociétés.

TABLEAU 9

Nombre et montant des émissions d'OBSO

(en millions)

Année	*1983*	*1984*	*1985*	*1986*	*1987*	*1988*	*1989*	*1990*	*Total*
Nombre	2	0	3	3	5	2	0	0	15
Montant	17,010	0	3,493	7,275	6,154	1,500	0	0	20,123

2. Le marché des actions

En règle générale, en période de croissance l'entreprise décide d'augmenter le capital social de la société et en période de difficulté de le diminuer. Ces deux opérations conduisent donc à une modification de la structure financière de l'entreprise.

2.1. *L'augmentation du capital social*

Les augmentations du capital social peuvent prendre des formes distinctes et ne conduisent pas forcément à une levée de fonds propres.

2.1.1. *Les émissions en numéraire*

L'augmentation du capital en numéraire est une émission d'actions souscrites en numéraire par les investisseurs. Elles peuvent être assorties d'un droit préférentiel aux anciens actionnaires, être réservées à certains actionnaires ou faire l'objet d'un placement public.

2.1.1.1. Intérêt des émissions d'actions

Ginglinger (1991) rappelle que le financement par actions ne constitue pas uniquement une alternative de financement mais intervient aussi lorsque l'autofinancement est insuffisant ou l'endettement trop important. L'augmentation de capital constitue :

– un financement résiduel : dans la mesure où le capital est un financement onéreux et s'interprète comme une modification du niveau de risque de l'entreprise;
– un financement conjoncturel puisqu'elle dépend fortement de la conjoncture boursière des actions;
– un financement stratégique en augmentant la capacité d'endettement de la firme. Elle permet ainsi d'investir dans des nouveaux projets d'investissements.

2.1.1.2. Le droit préférentiel

Toute augmentation de capital en numéraire ouvre aux actionnaires, proportionnellement au montant de leur action, un droit de préférence à la souscription des actions nouvelles. Les actionnaires ne sont pas obligés de souscrire à ces actions, ils peuvent s'ils le désirent vendre leurs droits à des personnes qui veulent s'assurer une possibilité de souscription. En principe, vendre ses droits ou souscrire est un arbitrage neutre pour les investisseurs. En effet, en cas de souscription à l'émission, la position de l'investisseur est la suivante :

– Valeur de son portefeuille au cours droit détaché, $\theta NC'$, où θ est la part d'actions détenue par l'actionnaire, N le nombre d'actions anciennes de la société, C' le cours ex-droit.
– Valeur au prix de souscription des achats des θn nouvelles actions au prix P, θnP, où n est le nombre d'actions nouvelles émises par la société, P le prix des actions vendues à l'émission.

– Valeur finale de son portefeuille, $\theta NC' + \theta nC' - \theta nP$.

Si l'investisseur décide de vendre ses bons de souscription, sa position devient :

– Valeur du portefeuille : $\theta NC'$.

– Valeur des θN droits de souscription, de valeur unitaire $\dfrac{(C' - P)n}{N}$.

– Valeur finale du portefeuille, $\theta NC' + \theta nC' - \theta nP$.

Les deux opérations sont en principe strictement équivalentes. Or, comme le souligne Ginglinger (1984), le cours ex-droit n'est pas forcément égal au cours droit détaché. Le cours dépend en définitive du prix de l'émission fixé et du degré de souscription aux actions nouvelles. Ainsi, des écarts peuvent survenir entre les deux opérations.

L'Assemblée Générale Extraordinaire peut décider de supprimer ce droit préférentiel. Cette suppression ne peut être que partielle et porter uniquement sur une ou plusieurs tranches de l'augmentation de capital. Les actions sont alors proposées à tous les investisseurs, qu'ils soient ou non actionnaires. Dans la pratique, les Etats-Unis pratiquent des émissions d'actions sans droit préférentiel alors que la plupart des pays européens dont la Grande-Bretagne et la France ont une préférence pour les émissions avec droit. Les émissions peuvent aussi être réservées aux salariés ou à un ou plusieurs actionnaires, le droit préférentiel de souscription est alors supprimé. Les émissions de titres, dont les bénéficiaires sont le personnel, soit résultent d'une émission d'actions effectuée dans le cadre de la «participation aux fruits de l'expansion», soit sont consécutives à l'exercice de bons de souscription d'actions «stock options».

2.1.1.3. Rôle des banques

Selon Ginglinger (1991), le rôle des banques dans les émissions d'actions est triple :

– un rôle de conseil aussi bien au niveau des modalités de l'opération que pour connaître la situation du marché;

– un rôle de placement assuré par un syndicat bancaire pouvant varier de une à une quinzaine de banques selon la taille de l'émission;

– un rôle de garantie de l'opération. Les banques s'engagent à souscrire les actions qui n'auraient pas été souscrites au terme de l'opération. Depuis le 31 décembre 1981, le montant minimal des actions souscrites pour que l'opération soit réussie est de 75% du montant total. En règle générale, la garantie bancaire, non obligatoire pour l'entreprise, s'effectue par une surveillance du cours des actions plus que par une intervention directe à la fin de l'émission. Dans la pratique, les sociétés françaises font appel à la garantie bancaire.

2.1.2. *Les augmentations de capital par apport en nature*

Les augmentations par apport en nature résultent d'un contrat d'apport qui fixe la désignation et la consistance des biens dont l'apport est envisagé, leur évaluation et le nombre d'actions nouvelles à émettre pour rémunérer cette augmentation. Les conditions de publicité et de réalisation sont similaires à celles des émissions d'actions en numéraire.

2.1.3. *Les incorporations de réserves*

Les incorporations de réserves ne constituent qu'un simple jeu d'écriture qui consiste en un virement direct au compte «social» d'une somme prélevée sur un ou plusieurs comptes de réserves. Elles peuvent être réalisées soit par élévation du montant du nominal des actions, soit par attribution gratuite. Dans ce dernier cas, les actions sont distribuées gratuitement aux actionnaires au prorata de leur droit dans le capital ancien. Seule l'AGE est compétente pour réaliser cette opération.

2.1.4. *La conversion des obligations en actions*

Les détenteurs des obligations convertibles peuvent convertir dans des conditions précisées dans le contrat d'émission de l'emprunt, leurs obligations en actions. Cette conversion ne peut donc avoir lieu qu'au gré du porteur d'obligations et constitue une augmentation du capital social.

2.1.5. *Les bons de souscription*

L'augmentation du capital d'une société par actions peut résulter de l'utilisation par leurs titulaires de bons donnant droit à souscrire, au prix et selon les modalités fixées à l'avance, à des actions de la société émettrice. Ces bons sont attachés à une valeur mobilière telles que les actions ou les obligations. Les plus courants sont les actions à bons de souscription d'actions (ABSA) ou les obligations à bons de souscription d'actions (OBSA). Ces dernières ont été étudiées dans la partie consacrée au marché obligataire. Les ABSA constituent une double augmentation de capital, une immédiate à l'annonce de l'émission et une seconde différée dépendant en définitive du niveau du cours par rapport au prix d'exercice de bourse et provenant de l'exercice des bons. La seconde émission est donc uniquement réservée aux porteurs des bons c'est-à-dire aux actionnaires ayant souscrit à la première émission. Les bons sont cotés dès l'émission séparément. Le tableau 10 indique le nombre des opérations d'ABSA.

L'intérêt des ABSA pour l'émetteur est donc de réaliser une double levée de fonds propres. Une première immédiate et certaine et une seconde aléatoire mais permettant de différer les charges financières. De plus, la

TABLEAU 10
Nombre d'opérations d'ABSA

Année	*1986*	*1987*	*1988*	*1989*	*1990*	*Total*
Nombre	5	12	6	12	1	36

Note : Source : *Année Boursière* (SBF). Les premières ABSA apparaissent en 1986.

deuxième émission d'actions évite à la firme des frais financiers importants existant lors des émissions en numéraire. Pour l'actionnaire, l'opération est neutre s'il souscrit ou vend ses bons qui tiennent compte de la valeur du droit de souscription. Il bénéficie aussi de la volatilité plus importante des bons par rapport aux actions. A ce propos, la baisse du nombre d'ABSA en 1988 s'explique par la perte de valeur des bons après le krach. Dans la même catégorie, les ABSOC ont été émises, c'est-à-dire des actions à bons de souscription d'obligations convertibles.

2.1.6. *Les dividendes en actions* [4]

Les dirigeants effectuent une émission d'actions en conséquence du paiement du dividende en titres, les actionnaires ayant le choix entre le numéraire et le titre. Ces opérations financières n'apportent pas de ressources nouvelles à l'entreprise.

2.1.7. *Les ORA*

L'ORA [5] à l'échéance est obligatoirement convertie en actions. L'augmentation de capital en numéraire est donc réalisée en vue du remboursement des investisseurs. Toutes les augmentations de capital ne conduisent pas à une levée de nouveaux fonds propres, ce qui est le cas des dividendes par actions, des incorporations de réserves, de l'élévation du nominal et des attributions gratuites. Le tableau 11 effectue la comparaison des différentes augmentations de capital selon leur apport en nouvelles ressources. Pour les anciens actionnaires, deux facteurs interviennent lors d'une augmentation de capital. D'une part, l'importance du nombre de titres émis qui représente la dilution de leur droit au bénéfice. D'autre part, le montant de l'émission qui permet d'évaluer l'importance de cette dernière.

Le tableau 12 indique le nombre de titres émis pour chacune des augmentations de capital.

Les émissions d'actions en numéraire constituent donc le mode d'augmentation du capital le plus important en termes de nombre de titres. L'année

4. Voir Jacquillat (1992) pour une étude détaillée sur les dividendes en actions.
5. Voir la partie sur le marché obligataire.

TABLEAU 11

Les augmentations de capital et l'apport de nouvelles ressources

	Ressources nouvelles	*Opérations blanches*
Emission en numéraire	Oui	
Conversion en actions	Oui	
Stock options	Oui	
Exercice de bons	Oui	
Attribution gratuite		Oui
Emission au personnel	Oui	
Emission réservée	Oui	
Emission par apport	Oui	
Elévation du nominal		Oui
Dividende en actions	Oui	

TABLEAU 12

Nombre de titres émis lors des augmentations de capital (en milliers)

Année	*Emis. numér.*	*Oblig. cv.*	*Emis. apport*	*Attrib. gratuite*	*Elév. nomi.*
1980	15,649	41,515	9,762	14,240	34,386
1981	68,581	4,377	36,744	9,095	33,617
1982	19,960	1,871	8,303	3,340	16,973
1983	69,854	1,538	11,752	19,290	12,821
1984	75,420	1,988	15,755	7,251	2,509
1985	95,929	4,653	26,223	13,440	5,943
1986	2,335,801	9,506	17,918	42,323	19,311
1987	144,896	6,361	116,716	25,627	92,573
1988	52,514	28,558	263,402	31,773	55,019
1989	65,413	15,048	104,390	39,472	240,726
1990	272,813	27,118	228,177	43,530	210,150

Source : *Année Boursière* (SBF).

1986 a été particulièrement brillante en raison de la très bonne tenue des marchés financiers. Le tableau 13 indique le montant des émissions d'actions en numéraire en millions de francs. Le montant des émissions d'actions en 1986 a un caractère exceptionnel par rapport au reste de la période (44,46% du montant des émissions). Le krach de 1987 a eu pour conséquence de diminuer ce mode de financement. Depuis cette mauvaise performance, ajoutée aux événements spéciaux (guerre du Golfe, relations Est-Ouest), les entreprises n'ont pas été incitées à émettre de ce type de produit.

Si effectivement les émissions d'actions sont influencées par les conditions du marché, il reste à connaître la motivation des dirigeants à la prise de décision de leur réalisation.

En effet, ces opérations constituent un coût pour les anciens actionnaires puisqu'ils supportent une dilution, d'autant plus forte que le nombre de titres émis est important. Or, si les dirigeants ont pour objectif de maximiser la

TABLEAU 13
Montant des émissions d'actions en numéraire (en millions)

Année	*Nombre*	*Pourcentage*	*Cumulé*
1980	3,026,554	1,35	1,35
1981	2,591,576	1,15	2,50
1982	2,702,958	1,20	3,70
1983	8,754,887	3,90	7,60
1984	6,767,699	3,02	10,62
1985	14,027,505	6,25	16,87
1986	99,761,857	44,46	61,33
1987	24,326,081	10,84	72,17
1988	12,150,631	5,41	77,58
1989	18,642,093	8,31	85,84
1990	31,654,185	14,11	100
Total	224,406,214	100	

Source : *Année Boursière* (SBF).

valeur de la firme ou celle des actionnaires, ils ne devraient jamais émettre des actions. La question est donc : pourquoi des émissions d'actions en période de hausse du marché?

2.2. *La réduction du capital social*

La réduction du capital social peut constituer une mesure d'assainissement financier lorsque la société a des pertes. Le capital social est alors aligné sur l'actif net réel. Généralement, lors du renflouement des sociétés en difficulté, la réduction du capital prélude à une augmentation de capital réservée aux apporteurs de capitaux frais (coup d'accordéon). La réduction du capital peut aussi se justifier lorsque la dimension de la société et le volume de son activité ne justifient plus le montant du capital social. En pratique cette opération est peu utilisée car elle entraîne des charges fiscales relativement lourdes. En effet, la réduction se fait sous forme de distribution aux anciens actionnaires d'une partie des actifs et est donc soumise aux mêmes régimes d'imposition que les dividendes. La réduction du capital peut s'opérer soit par réduction de la valeur sociale des actions, soit par diminution de leur nombre.

2.2.1. *Réduction du nominal*

Ce procédé consiste donc à réduire la valeur nominale des actions. Le tableau 14 indique le nombre d'opérations de réduction du capital par réduction du nominal.

TABLEAU 14

Nombre de réductions du capital par réduction du nominal

Année	*1981*	*1982*	*1983*	*1984*	*1985*	*1986*	*1987*	*1988*	*1989*	*1990*	*Total*
Nombre	4	3	7	4	4	8	11	7	4	4	56

Source : Base de données actions AFFI-SBF (1990).

2.2.2. *Diminution du nombre de titres*

La réduction du nombre d'actions peut résulter de l'annulation des actions appartenant à un ou plusieurs actionnaires ou d'un rachat par la société de ses propres actions (dans la limite de 0,25% de son capital). Le tableau 15 indique le nombre d'opérations de réduction du capital par annulation de titres ou rachat par la société.

TABLEAU 15

Nombre de réductions du capital par annulation ou rachat de titres

Année	*1980*	*1981*	*1982*	*1983*	*1984*	*1985*	*1986*	*1987*	*1988*	*1989*	*1990*	*Total*
Nombre	7	8	11	8	6	3	4	5	4	7	7	70

Source : Base de données actions AFFI-SBF (1990).

La société peut aussi proposer un échange de ses actions anciennes contre un nombre réduit d'actions nouvelles. Cet échange de titres présente l'inconvénient d'obliger les actionnaires à acheter ou vendre des actions si le nombre de titres qu'ils possèdent ne leur permet pas d'obtenir un nombre entier d'actions nouvelles (problème des «rompus»). Le tableau 16 indique le nombre de réductions du capital par échange de titres.

TABLEAU 16

Nombre de réductions du capital par échange de titres

Année	*1981*	*1982*	*1983*	*1984*	*1985*	*1986*	*1987*	*1988*	*1989*	*1990*	*Total*
Nombre	4	1	5	4	2	6	2	0	0	0	24

Source : Base de données action AFFI-SBF (1990).

Enfin, pour réduire son capital social, la société peut procéder par une offre publique de rachat suivie d'une radiation de titres. Uniquement sept opérations ont été enregistrées dans la base de données AFFI-SBF depuis 1980 : trois en 1987, deux en 1988, une en 1989 et une en 1990.

En conclusion, les entreprises françaises se financent sur le marché des capitaux principalement par voie d'émission d'actions, d'obligations classiques, d'obligations convertibles. Mais les émissions sont loin d'être homogènes au niveau de leur caractéristique. Pour cette raison, avant d'étudier l'impact d'une modification de la structure financière d'une entreprise, il est nécessaire d'effectuer une sélection de titres aux termes semblables.

CHAPITRE 10

Impact sur les cours des actions d'une modification de la structure financière

De nombreuses études théoriques et empiriques ont remis en cause la proposition de Modigliani et Miller (1958) selon laquelle la valeur de la firme est indépendante de la structure financière. Dès lors, le choix d'une structure financière correspondant au partage des ressources financières de l'entreprise entre les capitaux propres et l'endettement affecte la valeur des actifs économiques. Les opérations financières, faisant l'objet de la partie empirique de ce travail et qui concernent les émissions d'actions et d'obligations, doivent comporter des opérations homogènes et un nombre de titres suffisamment important. Ce chapitre présente un intérêt à la fois théorique et empirique. Sur le plan théorique, il rappelle les principales conclusions des différents modèles rencontrés dans les chapitres précédents. Sur le plan empirique, ce chapitre teste sur le marché français l'annonce d'une modification de la structure financière sur la valeur de la firme.

1. Aspects théoriques et études antérieures

L'objet de cette section est de mettre en évidence, d'une part, les conclusions des modèles théoriques sur l'impact d'une modification de la structure financière de la firme et d'autre part de présenter les résultats antérieurs empiriques.

1.1. *La réaction des cours à l'annonce des émissions*

1.1.1. *Les obligations classiques*

Selon les modèles pris en compte, l'impact d'une émission d'obligations classiques peut être positif, nul ou négatif.

1.1.1.1. Impact positif sur les cours

La théorie de l'agence s'intéresse aux conflits d'intérêts entre les différents partenaires de la vie de l'entreprise. Ainsi, des conflits d'intérêts existent entre les actionnaires et les dirigeants dans la mesure où les seconds sont incités à poursuivre leurs propres objectifs en maximisant les profits de l'entreprise et non sa valeur. La dette est alors vue comme un moyen de discipliner les dirigeants (Jensen (1986)), les forçant ainsi à limiter leur consommation privée (Jensen et Meckling (1976)) ou à liquider en cas de faillite (Harris et Raviv (1990), Stulz (1990)).

La théorie du signal repose sur l'existence d'une asymétrie d'information entre les différents partenaires de la vie de l'entreprise. En supposant que les dirigeants ont un intéressement aux bénéfices avec toutefois une pénalité en cas de faillite, Ross (1977) montre que ceux-ci n'augmenteront le levier d'endettement que s'ils anticipent une hausse des bénéfices futurs. Leland et Pyle (1977) montrent que la part d'actions détenue par les dirigeants constitue un signal sur la qualité de l'entreprise dans la mesure où elle est une fonction croissante de la rentabilité attendue. Une hausse du levier d'endettement traduit donc une volonté de la part des dirigeants de ne pas diluer leur part d'actions et signale donc une hausse des bénéfices futurs.

Dans le cadre du marché du contrôle, Harris et Raviv (1988) établissent une relation négative entre le levier d'endettement et la probabilité de réussite d'une offre publique. Une émission de dette à court terme permet à la fois d'acquérir des fonds pour acheter des actions supplémentaires et d'éviter de diluer la part des droits de vote déjà détenue par les dirigeants. La prime offerte en cas d'offre publique et le cours des actions sont une fonction croissante du levier d'endettement.

1.1.1.2. Pas d'impact sur les cours

Myers et Majluf (1984) montrent qu'une dette sans risque est assimilable à des fonds propres. La valeur de ces obligations étant indépendante de l'information révélée aux investisseurs sur la valeur des actifs en place, il n'existe pas de problème d'asymétrie d'information parmi les différents partenaires de la vie de l'entreprise.

1.1.1.3. Impact négatif sur les cours

Dans le cadre de la théorie du signal, Miller et Rock (1985) considèrent qu'une émission de titres traduit une mauvaise performance de la rentabilité des investissements passés et une baisse des bénéfices futurs. De plus, selon Myers (1977), l'émission de dette augmentant les charges financières élimine des projets à valeur actuelle nette positive dans certains états de la nature. Myers et Majluf (1984), en s'appuyant sur la théorie des options, montrent qu'une émission de dette s'effectue toujours avec un gain en capital pour les obligataires. Dès lors, il se produit un transfert de richesse des anciens actionnaires vers les nouveaux obligataires qui conduit à une baisse des cours.

Dans le cadre de la théorie de l'agence, et en s'appuyant sur les principes de Black et Scholes (1973) et de Merton (1973), une action est considérée comme une option d'achat dont le prix d'exercice est égal à la valeur des actifs de la firme. Dès lors, Galai et Masulis (1976) montrent qu'une émission de dette revient à augmenter le prix d'exercice de l'option et entraîne donc une baisse de la valeur des actions. Le tableau 1 résume l'ensemble des résultats empiriques concernant l'impact sur les cours de l'annonce d'une émission d'obligations classiques sans clause optionnelle.

TABLEAU 1

Réaction des cours à l'annonce d'une émission d'obligations classiques

Auteurs	*Modèle*	*Résultat (en %)*	*Test-t*
Dann et Mikkelson (1984)	Modèle de marché	−0,04	−1,76**
Eckbo (1986)	Modèle à variables dichotomiques	−0,12	−1,01
Mikkelson et Partch (1986)	Modèle de marché	−0,23	−1,40
Kim et Stulz (1988)	Modèle de marché	−0,83	−0,13
Hansen et Crutchley (1990)	Modèle de marché	0,11	0,52**

** : sur deux jours.

Aucun des résultats n'est significatif. L'annonce d'une émission d'obligations classiques a un impact nul ou faiblement négatif sur le cours des actions. L'étude de Mikkelson et Partch (1986) conclut à une réaction négative significative à l'annonce des obligations classiques au seuil de 5%. Toutefois, le résultat n'est pas significatif au seuil de 1%.

1.1.2. *Les obligations convertibles*

L'impact d'une émission d'obligations convertibles sur les cours des actions est positif ou négatif selon les modèles envisagés.

1.1.2.1. Impact positif sur les cours

Selon Barnea, Haugen et Senbet (1985), une émission d'obligations convertibles a un impact positif puisqu'elle réduit les coûts d'agence entre les actionnaires et les dirigeants. En effet, une obligation convertible étant la combinaison d'une action et d'une option de vente dont le prix d'exercice est la valeur de remboursement de l'emprunt, toute augmentation de la consommation privée des dirigeants diminue à la fois la richesse de ces derniers et la valeur de la firme.

1.1.2.2. Impact négatif sur les cours

Selon Green (1984), une émission d'obligations convertibles réduit le coût d'agence entre les dirigeants/actionnaires et les obligataires. En effet, une obligation convertible est la combinaison d'une obligation classique et d'une option d'achat dont le prix d'exercice est la valeur de remboursement de l'emprunt. Cette combinaison fait qu'en cas d'adoption de projets risqués, la hausse des cours ne profite pas exclusivement aux actionnaires. En effet, dans ce cas, les créanciers convertissent leurs obligations, ce qui entraîne une dilution de la part du capital détenue par les anciens actionnaires. Si les obligations sont converties en actions, la richesse des anciens actionnaires est diluée de la même manière qu'en cas d'émission d'actions. Dès lors, les modèles de Myers et Majluf (1984) et Lucas et McDonald (1990) montrent que les anciens actionnaires n'acceptent une telle dilution que dans la mesure où le marché surévalue les actions (Myers et Majluf (1984)), d'où une baisse des cours.

Le taux d'intérêt de ces obligations étant plus faible que celui des obligations classiques, la charge financière déductible du bénéfice imposable est plus faible. Dès lors, l'émission d'obligations convertibles signale une baisse des bénéfices futurs. En fait, une obligation convertible représente le plus souvent un endettement supplémentaire pour l'entreprise dans la mesure où son cours est proche de celui de l'action et son coupon supérieur au dividende. Dès lors, l'effet de l'annonce d'une émission d'obligations convertibles sur le cours des actions est identique à celui des émissions d'obligations classiques. Le tableau 2 résume les résultats empiriques concernant l'impact sur les cours boursiers de l'annonce d'une émission d'obligations convertibles.

TABLEAU 2

Réaction des cours à l'annonce des émissions d'obligations convertibles

Auteurs	*Modèle*	*Résultat (en %)*	*Test-t*
Dann et Mikkelson (1984)	Modèle de marché	−2,31	−4,70
Eckbo (1986)	Modèle dichotomique	−1,90	−4,94
Mikkelson et Partch (1986)	Modèle de marché	−1,97	−7,70**
Janjigian (1987)	Modèle de marché avec Scholes et Williams	−1,71	−7,57
Ghosh, Varma et Woolridge (1990)	Modèle de marché	−1,39	−11,37
Hansen et Crutchley (1990)	Modèle de marché	−1,45	−3,24**

** : sur deux jours.

Les cours chutent lors de l'annonce d'une émission d'obligations convertibles confortant les hypothèses de Myers et Majluf (1984), de Giammarino et Lewis (1988) et de Lucas et McDonald (1990) et celle reposant sur la modification des économies d'impôt. En effectuant une distinction selon les secteurs d'activité, Janjigian (1987) montre que les entreprises industrielles ont des rentabilités anormales moins significatives que les sociétés financières (−4,60) ou que les entreprises du transport (−2,92). Les entreprises de services publics n'ont pas de rentabilité anormale significative.

1.1.3. *Les émissions d'obligations remboursables au gré de l'émetteur*

Selon la théorie de l'agence, les obligations remboursables au gré de l'émetteur permettent de réduire deux types de conflits : ceux provenant d'une asymétrie d'information entre les obligataires et les dirigeants/actionnaires d'une part et ceux qui proviennent de la décision d'adoption de projets risqués par les actionnaires d'autre part.

Dans le premier cas, soient deux firmes de valeur $V(A) > V(B)$ et telles que le marché ne peut les distinguer. Si A émet de la dette, la valeur de cette dernière ne sera pas évaluée $V_d(A)$ mais à la valeur de B, soit $V_d(B)$. Le coût d'agence est de $V_d(A) - V_d(B)$. Pour compenser cette perte, la firme A émet une dette avec une clause de remboursement au gré de l'émetteur. Cette clause, qui n'est qu'une option d'achat sur la valeur des actifs de l'entreprise, a donc une valeur supérieure pour A, $V_c(A) > V_c(B)$. Le coût d'agence, $V_d(A) - V_d(B)$, est ainsi en partie compensé par le montant $V_c(A) - V_c(B)$.

Dans le deuxième cas, les conflits d'intérêts proviennent de la décision d'adoption de projets risqués par les actionnaires. Selon la théorie des options, à valeur de la firme constante, toute augmentation de la valeur des actions s'effectue au détriment des obligataires. Les actionnaires sont tentés d'adopter des projets risqués puisqu'en augmentant le risque de l'option d'achat, ils en augmentent sa valeur. La clause permet de réduire cette incitation. En effet, soient deux projets d'investissements A et B avec comme hypothèse que B est plus risqué $(\sigma(A) < \sigma(B))$ et a moins de valeur $((V(A) > V(B))$. La valeur des actions se définit comme la différence entre la valeur de la firme et la valeur de la dette avec clause. Or, la valeur de cette dernière est égale à la différence entre la valeur de la firme et la valeur de la clause de remboursement. Dans ce cas, l'adoption du projet B conduit à faire baisser la valeur de la clause de remboursement compensant ainsi la hausse de la valeur des actions.

La résolution de ces deux conflits d'intérêts entre les dirigeants/actionnaires et les obligataires conduit à un impact négatif sur les cours puisque les actionnaires sont limités dans leur capacité d'augmenter leur richesse. Toutefois, l'émission d'obligations avec clause permet de rembourser la dette avant l'échéance et de profiter de conditions d'emprunt plus favorables, réduisant ainsi les charges d'intérêt de l'entreprise. Dans ce contexte, l'émission d'emprunt peut être considérée comme ayant un impact positif sur les cours (Barnea, Haugen et Senbet (1980)).

1.1.4. *Les émissions d'actions*

La majorité des études théoriques conclut à un impact négatif sur les cours des actions à l'annonce d'une augmentation de capital.

Selon la théorie de l'agence, une baisse du levier d'endettement s'accompagne d'une dilution de la part du capital détenue par les dirigeants qui les incite à augmenter leur consommation privée (Jensen et Meckling (1976)) ou qui affaiblit le contrôle qu'ils exercent (Jensen (1986), Harris et Raviv (1990) et Stulz (1990)).

Dans le cadre de la théorie du signal, Leland et Pyle (1977) interprètent la diminution de la proportion d'actions détenue par les dirigeants comme une baisse de la valeur de l'entreprise. Par ailleurs, Myers et Majluf (1984) et Lucas et McDonald (1990) montrent que si les dirigeants maximisent la richesse des anciens actionnaires, ils n'acceptent de la diluer que si la valeur de marché de l'entreprise est supérieure à sa vraie valeur.

Selon la théorie du contrôle, une émission d'actions entraîne une dilution de la proportion des droits de vote détenue par les dirigeants. Dès lors, Harris et Raviv (1990) et Stulz (1990) concluent que le ratio d'endettement est corrélé négativement avec la probabilité d'offre publique et positivement avec la prime d'émission. Une baisse du levier d'endettement fait donc augmenter la probabilité d'offre publique mais diminuer la prime, d'où une baisse des cours.

Une dernière explication a été avancée récemment par Loderer, Cooney et Van Drunen (1991) reposant sur l'hypothèse d'élasticité des prix. Les auteurs montrent que la baisse des cours est une fonction décroissante de la liquidité du titre et une fonction croissante de l'hétérogénéité d'information.

Si l'asymétrie d'information est faible, l'effet de dilution est compensé par la perspective d'acquérir des actifs profitables et l'émission n'entraîne alors aucune réaction des cours. Le tableau 3 indique l'impact sur les cours d'une émission d'actions. La plupart des émissions d'actions aux Etats-Unis, au contraire de la Grande-Bretagne ou de la France, se font sans droit de souscription préférentiel aux anciens actionnaires et sans garantie bancaire. La majorité des auteurs concluent à une réaction négative des cours à l'annonce d'une émission d'actions. Ces résultats confirment les conclusions des modèles de Myers et Majluf (1984), de Giammarino et Lewis (1988) ou de Lucas et McDonald (1990). Pour ces auteurs, une entreprise qui maximise la richesse des anciens actionnaires n'a jamais intérêt à émettre des actions. En effet, une telle émission signale une surévaluation de l'entreprise et une dilution de la richesse des anciens actionnaires. Mann et Sicherman (1991) testent le lien qui existe entre la politique d'acquisition des firmes et les émissions d'actions. Pour les firmes finançant leurs acquisitions par émissions d'actions, les rentabilités anormales sont moins importantes (−1,05%) que pour l'échantillon pris globalement (−2,14%). En distinguant les émissions avec garantie bancaire, Smith (1977) et Hess et Frost (1982) aboutissent à l'absence d'impact sur les cours aux Etats-Unis. Marsh (1979) conclut de la même manière en étudiant les émissions d'actions en Grande-Bretagne principalement effectuées avec garantie bancaire.

TABLEAU 3

Impact d'une émission d'actions sur les cours

Auteurs	*Pays d'émission*	*Modèle*	*Résultat (en %)*	*Test-t*
Smith (1977)	Etats-Unis	Modèle de marché	0,006	0,02
Marsh (1979)	Grande-Bretagne	Modèle de marché	1,6	0,5
Hess et Frost (1982)	Etats-Unis	Modèle dichotomique	−0,21	−0,375
Bhagat, Marr et Thompson (1985)	Etats-Unis	Modèle de marché	−1,529	−7,37
Kolodny, Rizzoto Suhler (1985)	Etats-Unis	Indice de marché	−2,49	−9,45
Asquith et Mullins (1986)	Etats-Unis	Portefeuille de contrôle (β calculé par Scholes et Williams (1977))	−2,70	−14,80**
Hess et Bhagat (1986)	Etats-Unis	Modèle de marché	−3,56	−6,87
Masulis et Korwar (1986)	Etats-Unis	Indice de marché	−3,25	−24,20
Mikkelson et Partch (1986)	Etats-Unis	Modèle de marché	−3,56	−9,81
Kalay et Shimrat (1987)	Etats-Unis	Modèle de marché	−0,86	−9,14
Hansen et Crutchley (1990)	Etats-Unis	Modèle de marché	−3,65	−10,61**
Slovin, Sushka et Hudson (1990)	Etats-Unis	Moyenne du titre sur la période d'estimation	−2,95	−5,54
Dierkens (1991)	Etats-Unis	Indice de marché	−2,40	−9,34
Mann et Sicherman (1991)	Etats-Unis	Modèle de marché	−2,89	−12,92**

** : sur deux jours.

En définitive, Marsh (1979), Hess et Frost (1982), Slovin, Sushka et Hudson (1990) mettent en évidence le rôle de l'information asymétrique dans les divergences des résultats obtenus. Récemment, Dierkens (1991) propose d'estimer cette asymétrie d'information par plusieurs variables telles que l'écart-type des rentabilités anormales, l'écart-type des rentabilités anormales à l'annonce des bénéfices trimestriels, une variable dichotomique égale à 1 quand l'entreprise a 16 ou moins d'annonces paraissant dans le *Wall Street Journal* dans l'année qui suit l'émission d'actions, et le flottant.

Ces différentes variables régressées sur la rentabilité anormale du titre à la date d'annonce montrent une relation négative entre l'asymétrie d'information et la chute des cours. De plus, la comparaison entre l'asymétrie d'information avant et après les émissions d'actions montre une diminution de celle-ci après l'émission.

1.2. La nature de l'information liée à l'annonce des émissions

1.2.1. *La taille des émissions*

La taille des émissions se définit comme le produit du nombre de titres offerts par le prix d'émission. Parfois, cette mesure est relative et est alors égale au rapport de la taille de l'émission à la capitalisation boursière du titre avant l'opération. Le tableau 4 indique le rôle joué par la taille des émissions sur l'évolution des rentabilités anormales. La colonne résultat indique le coefficient de la variable taille et le student associé entre parenthèses.

TABLEAU 4
Impact des cours et taille des émissions

Type d'émission	*Auteurs*	*Résultat*	*Test-t*
Obligations classiques	Eckbo (1986)	−0,007	−1,08
	Mikkelson et Partch (1986)	0,005	0,58
	Hansen et Crutchley (1990)	−0,19	−0,09
Obligations convertibles	Eckbo (1986)	−0,061	−4,54
	Mikkelson et Partch (1986)	−0,023	−2,67
	Hansen et Crutchley (1990)	−2,13	−0,54
Actions	Marsh (1979)	0,0015	0,0017
	Hess et Frost (1982)		−0,21
	Asquith et Mullins (1986)	−0,08	−2,95
	Hess et Bhagat (1986)	0,09	2,68
	Masulis et Korwar (1986)	0,10	3,16
	Mikkelson et Partch (1986)	−0,08	−1,17
	Hansen et Crutchley (1990)	−1,61	−0,66**
	Slovin, Sushka et Hudson (1990)	2,49	1,99

Pour les obligations classiques, la taille n'a pas d'influence. Le résultat n'est pas surprenant en raison de l'absence d'impact sur les rentabilités anormales. Pour les émissions d'obligations convertibles, il existe une relation négative entre la taille et l'évolution des rentabilités anormales. Lors d'une émission d'actions, Marsh (1979) et Hess et Frost (1982), n'ayant pas trouvé d'impact à l'annonce, concluent aussi à l'absence d'effet taille. Dans les autres cas, l'effet taille dépend du secteur d'activité des firmes. Ainsi, lorsque l'échantillon est composé d'entreprises appartenant au secteur privé et public, une relation négative est dégagée entre la taille et les rentabilités anormales (Asquith et Mullins (1986)). Par contre, en ne considérant que les entreprises privées de services publics, la relation devient positive (Hess et Bhagat (1986), Masulis et Korwar (1986)).

1.2.2. *Evolution de bénéfices futurs*

Le tableau 5 indique la liaison existant entre l'évolution des bénéfices futurs et les catégories d'émissions.

TABLEAU 5

Les annonces d'émissions et l'évolution des bénéfices futurs

Type d'émission	*Auteurs*	*Résultats*
Obligations classiques	Eckbo (1986)	A0 : −0,013 (−0,67) A1 : −0,013 (−0,73) A2 : 0,025 (1,85)
	Hansen et Crutchley (1990)	A0 : −1,64 (−3,44) A0-A3 : −1,56 (−4,17)
Obligations convertibles	Eckbo (1986)	A0 : -0,070 (−1,25) A1 : 0,083 (1,06) A2 : −0,014 (−0,21)
	Hansen et Crutchley (1990)	A0 : −0,78 (−1,11) A0-A3 : −1,49 (−2,68)
Actions	Hansen et Crutchley (1990)	A0 : −0,50 (−0,86) A0-A3 : −2,45 (−5,41)

A0 : bénéfice anormal dans l'année de l'émission; A1 : bénéfice anormal dans l'année qui suit l'émission; A2 : bénéfice anormal deux ans après émission; A0-A3 : bénéfices anormaux cumulés entre l'année de l'émission et trois ans plus tard.

Eckbo (1986) et Hansen et Crutchley (1990) n'emploient pas la même méthode pour tester l'évolution des bénéfices futurs. Le premier régresse les rentabilités anormales aux bénéfices futurs tandis que les seconds calculent les bénéfices anormaux pour chacun des échantillons et régressent par rapport à trois variables dichotomiques égales à 1 selon qu'il s'agit d'une émission d'obligations convertibles, d'obligations classiques ou d'une émission d'actions.

1.2.3. *Les économies d'impôt*

Les économies d'impôt sont calculées comme étant la valeur faciale de la dette multipliée par le taux d'impôt sur les sociétés égal à ce moment-là à

48%. Le tableau 6 indique l'influence du changement des économies d'impôt de l'entreprise sur les rentabilités anormales de l'entreprise.

TABLEAU 6
Les modifications d'économie d'impôt

Type d'émission	*Auteurs*	*Résultats*	*Test-t*
Obligations classiques	Eckbo (1986)	−0,006	−0,35
Obligations convertibles	Eckbo (1986)	0,035	1,10

Eckbo (1986) conclut à l'absence de relation entre les rentabilités anormales à l'annonce des émissions et la modification de l'économie d'impôt, qu'il s'agisse d'obligations classiques ou convertibles.

1.2.4. *Variation du levier d'endettement*

Le levier d'endettement est calculé comme le rapport de la somme de la dette de long et court terme à la capitalisation boursière avant l'annonce. Le tableau 7 indique la relation entre les rentabilités anormales et la modification du levier d'endettement.

TABLEAU 7
Le changement du levier d'endettement

Type d'émission	*Auteurs*	*Résultats*	*Test-t*
Actions	Asquith et Mullins (1986)	0,028	1,41
Obligations convertibles	Eckbo (1986)	0,000	0,43

Dans les deux cas, la modification du levier d'endettement n'explique pas les rentabilités anormales à la date d'annonce. Puisque cette hypothèse est rejetée, Asquith et Mullins (1986) concluent que la chute des cours à l'annonce d'une émission d'actions s'explique par la sur-évaluation des firmes. Afin de montrer cette proposition, ils étudient les rentabilités anormales cumulées avant l'annonce. Celles-ci sont de 1,41% avec un student de 2,05.

En définitive, l'annonce d'une émission d'obligations classiques conduit à un impact nul ou faiblement négatif sur le cours des actions. Les obligations convertibles conduisent à un impact négatif et significatif sur les cours. L'impact des émissions d'actions dépend de l'existence ou non d'une garantie bancaire. Dans le premier cas, aucune rentabilité anormale n'est observée. En absence de garantie bancaire, une chute des cours est observée. Quel que soit le type d'émissions, l'hypothèse du levier d'endettement, de la modification de l'économie d'impôt et de l'évolution des bénéfices futurs n'est pas validée.

En ce qui concerne les obligations convertibles, les explications avancées par les auteurs sont celles de la théorie de l'agence, de Myers et Majluf (1984), de Giammarino et Lewis (1988) et de Lucas et McDonald (1990). Pour les émissions d'actions, les modèles de ces derniers auteurs reposant sur le rôle de l'asymétrie de l'information expliquent les divergences de résultats entre certaines études.

2. La méthodologie

L'impact de l'annonce d'une émission de titres sur les cours boursiers traduit la nature de l'information qu'elle véhicule auprès des investisseurs quant à l'évolution de la valeur de l'entreprise ou la richesse des actionnaires. Pour mesurer cette réaction, la méthodologie des études d'événement est employée et consiste à tester l'existence d'une rentabilité anormale à la date d'annonce. La littérature propose une panoplie de méthodologies possibles [1]. Toutefois, différentes études effectuant une comparaison des techniques proposées aboutissent à des résultats similaires [2]. Pour cette raison, la norme choisie est l'indice de marché défini comme un indice équipondéré avec réinvestissement des dividendes calculé à partir des données de la base de données actions AFFI-SBF (1990). L'hypothèse nulle est l'absence d'impact à la date d'annonce, soit $H0 : RAM_t = 0$. Le premier test est le student classique défini comme :

$$T1 = \frac{RAM_t}{\sigma(RAM_t)} \sim T_{N-1}.$$

Le deuxième test est basé sur une standardisation des RA_{it} afin de tenir compte de l'hétéroscédaticité des variances entre les titres :

$$T2 = \sqrt{N} RAMS_t \sim \mathcal{N}(0,1),$$

où :

- $RAMS_t = \dfrac{1}{N}\sum_{i=1}^{N} RAS_{it}$;
- $RAS_{it} = \dfrac{RA_{it}}{S_{it}}$;

1. Voir Brown et Warner (1980-1985), Collins et Dent (1984), McDonald (1987). Voir Hachette (1991) pour une revue de la littérature de ces modèles.

2. Pour une description de cette méthodologie, voir chapitre 6. Voir Brown et Warner (1980-1985), Dyckman, Philbrick et Dyckamn (1984), Brown et Weinstein (1985) et Malatesta (1986).

$$- S_{it} = \sqrt{V_i \left[1 + \frac{1}{ED} + \frac{(R_{mt} - R_m)^2}{\sum_{a=1}^{ED} (R_{ma} - R_m)^2} \right]} ;$$

et V_i, la variance des rentabilités anormales du titre i; ED, le nombre de jours de la période d'estimation; R_{mt}, la rentabilité de l'indice de marché à la date t; R_{ma}, la rentabilité de l'indice de marché sur la période d'estimation; R_m, la moyenne de la rentabilité du marché sur la période d'estimation.

La sélection des échantillons a été faite à partir du *Bulletin des Annonces Obligatoires* (BALO) et des bases de données actions et obligations AFFI-SBF (1990). La date d'annonce a aussi été prise dans le BALO, dans la mesure où les sociétés ne peuvent effectuer de publicité sur les termes de leur émission avant que cette information ait été publiée dans cet organe de presse.

– Les obligations classiques répondent aux critères suivants : taux d'intérêt fixe, absence de clause optionnelle, aucune possibilité de remboursement anticipé. 43 obligations classiques obéissent à ces caractéristiques.

– Les obligations remboursables au gré de l'émetteur sont des obligations à taux fixe avec le remboursement anticipé au gré de l'émetteur comme unique clause. Avec de telles caractéristiques, seulement sept emprunts ont pu être sélectionnés. L'échantillon étant trop petit pour effectuer des tests statistiques, deux critères ont été assouplis : les emprunts peuvent être des TS, TSDI et TSR et être à taux variable. Avec ces deux critères supplémentaires, onze emprunts ont été sélectionnés.

– Les obligations convertibles avec des bons de souscription attachés sont exclues de l'échantillon. L'échantillon comprend 73 emprunts.

– Les émissions d'actions prennent en compte uniquement des émissions d'actions avec droit préférentiel aux anciens actionnaires. Celles qui sont annoncées en même temps qu'une incorporation de réserve accompagnée d'une attribution gratuite sont exclues. 238 augmentations de capital par émissions d'actions en numéraire sont dénombrées.

Les cours sont extraits de la base de données AFFI-SBF (1990). Avant d'effectuer les calculs, ils ont fait l'objet de traitement au niveau des opérations en capital [3] et des données manquantes. Sur ce dernier point, si le cours est manquant le jour de la date ou autour de la date d'annonce, il n'est pas tenu compte de l'opération correspondante. Dans les autres cas, les cours sont remplacés par la méthode de répartition uniforme [4].

3. Voir Hamon et Jacquillat (1992) pour un descriptif de cette base de données ainsi que les méthodes de correction des opérations sur le capital.

4. Voir Hachette et Mai (1991) pour une justification de cette méthode.

3. Les résultats

Deux types de résultats sont présentés : ceux liés aux études d'événement qui permettent de mesurer la réaction des cours des actions à l'annonce des émissions d'une part et ceux qui analysent cette réaction en vue de mieux cerner la nature de l'information liée à l'annonce d'autre part.

3.1. *Résultats des études d'événement*

Les tableaux de résultats indiquent les rentabilités anormales pour chaque échantillon autour de la date d'annonce, soit -5 à $+5$ jours [5]. Les colonnes indiquent respectivement la date, la rentabilité anormale moyenne (RAM), la rentabilité anormale cumulée ($RAMC$), le test de student classique ($T1$) et le test de normalité basé sur les rentabilités anormales standardisées ($T2$).

TABLEAU 8

Impact sur la richesse des actionnaires en cas d'annonce d'une émission d'obligations classiques

Date	RAM *en %*	$RAMC$ *en %*	$T1$	$T2$
−5	−0,02	0,05	−0,05	−0,81
−4	−0,02	0,03	−0,07	−0,85
−3	−0,01	0,02	−0,03	−0,84
−2	0,08	0,09	0,22	0,64
−1	−0,21	−0,11	−0,60	−0,57
0	0,24	0,12	0,68	0,76
1	**−0,67**	**−0,55**	**−1,94**	**−1,89**
2	0,16	−0,39	0,45	0,27
3	−0,05	−0,44	−0,14	−0,89
4	0,15	−0,29	0,44	0,08
5	−0,28	−0,57	−0,82	−1,06

43 titres composent l'échantillon $-T1 = \frac{RAM_t}{\sigma(RAM_t)}$ (test de student) et $T2 = \sqrt{N}RAMS$ (test de normalité).

A l'annonce d'une émission d'obligations classiques, les cours boursiers réagissent à la baisse. La rentabilité anormale moyenne en $t+1$ est égale à $-0{,}67\%$. Toutefois, cet effet n'est pas significatif. Pour les deux tests, le seuil de significativité est inférieur à celui de 5%.

5. Les RAM ont été calculées sur la fenêtre $(-20,+20)$ jours autour de la date d'annonce. Or, comme elles ne sont pas significatives en dehors de la date d'annonce, uniquement les dates $(-5,+5)$ jours sont présentées. Par contre, les graphiques représentent l'ensemble de la fenêtre d'événement.

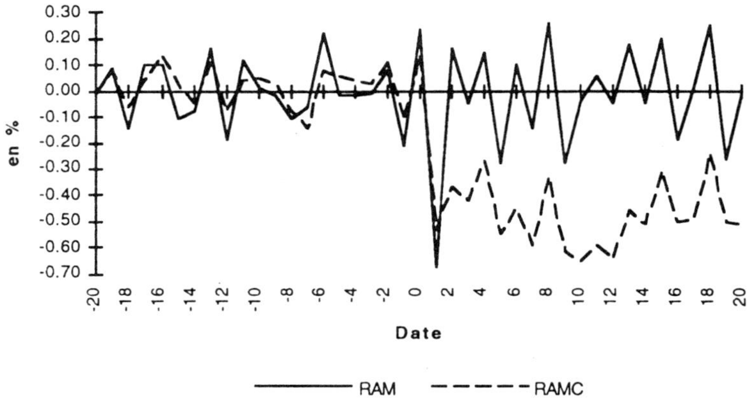

FIGURE 1

Impact sur la richesse des actionnaires en cas d'annonce d'une émission d'obligations classiques

TABLEAU 9

Impact sur la richesse des actionnaires en cas d'annonce d'une émission d'obligations remboursables au gré de l'émetteur

Date	RAM *en %*	$RAMC$ *en %*	$T1$	$T2$
−5	−0,40	−0,47	−0,62	−0,60
−4	0,67	0,19	1,03	0,43
−3	0,01	0,21	0,02	0,23
−2	−0,05	0,16	−0,08	−0,01
−1	0,51	0,67	0,78	0,66
0	0,27	0,94	0,42	0,20
1	**1,22**	**2,17**	**1,88**	**2,19**
2	0,99	3,16	1,53	0,72
3	−0,49	2,67	−0,75	−0,64
4	0,01	2,68	0,01	0,26
5	−0,00	2,68	−0,00	−0,95

11 titres composent l'échantillon $-T1 = \dfrac{RAM_t}{\sigma(RAM_t)}$ (test de student) et $T2 = \sqrt{N}RAMS$ (test de normalité).

L'échantillon des obligations remboursables au gré de l'émetteur est faible (11). L'interprétation des résultats doit donc se faire avec précaution. Au lendemain de la parution au BALO de ce type d'obligations, les cours boursiers réagissent favorablement. La rentabilité anormale moyenne est égale à 1,22%. Le test de student n'est pas significatif au seuil de 5%. Par contre, le test de normalité est égal à 2,19 significatif au seuil de 5%.

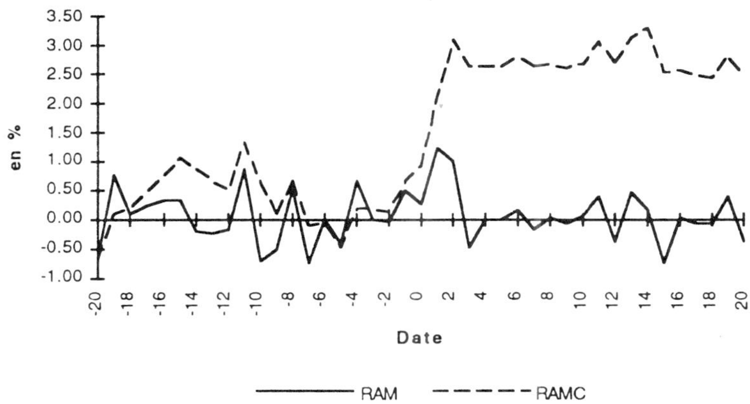

FIGURE 2
Impact sur la richesse des actionnaires en cas d'annonce d'une émission d'obligations remboursables au gré de l'émetteur

TABLEAU 10
Impact sur la richesse des actionnaires en cas d'annonce d'une émission d'obligations convertibles

Date	*RAM en %*	*RAMC en %*	*T*1	*T*2
−5	−0,13	0,22	−0,58	−0,32
−4	−0,17	0,06	−0,72	−0,89
−3	−0,16	−0,11	−0,69	−0,51
−2	0,09	−0,02	0,37	0,14
−1	−0,22	−0,24	−0,97	−0,55
0	−0,25	−0,50	−1,09	−0,74
1	**−0,56**	**−1,05**	**−2,41**	**−2,63**
2	−0,48	−1,53	−2,06	−1,99
3	−0,10	−1,64	−0,46	−1,42
4	0,13	−1,51	0,56	−0,32
5	−0,13	−1,63	−0,56	−0,94

73 titres composent l'échantillon $-T1 = \dfrac{RAM_t}{\sigma(RAM_t)}$ (test de student) et $T2 = \sqrt{N}RAMS$ (test de normalité).

L'annonce d'une émission d'obligations convertibles au BALO conduit à un impact négatif sur les cours. Le lendemain de la parution au BALO, les rentabilités anormales sont égales à −0,56% avec des tests de −2,41 et −2,06. En $t+2$, les rentabilités anormales sont aussi négativement significatives avec le test de student. Cette réaction négative du marché à l'annonce d'une émission d'obligations convertibles est conforme aux résultats des études d'Eckbo (1986) et de Dann et Mikkelson (1984). Le premier trouve une RAM_t de

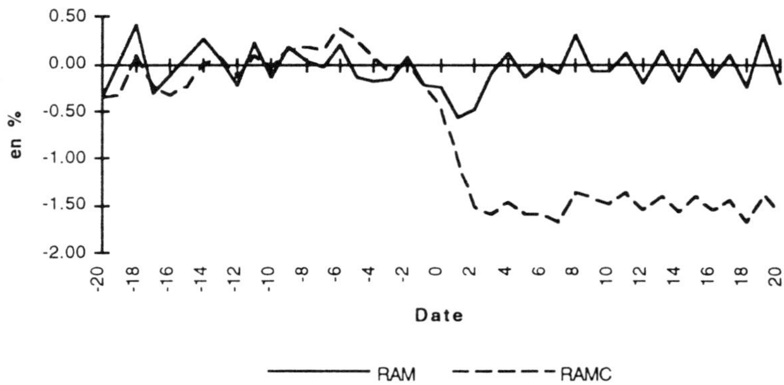

FIGURE 3
Impact sur la richesse des actionnaires en cas d'annonce d'une émission d'obligations convertibles

TABLEAU 11
Impact sur la richesse des actionnaires en cas d'annonce d'une émission d'actions à la date du BALO

Date	*RAM en %*	*RAMC en %*	*T1*	*T2*
−5	−0,13	0,54	−0,71	−1,13
−4	0,05	0,59	0,27	0,59
−3	0,13	0,72	0,69	0,51
−2	−0,10	0,62	−0,51	−0,71
−1	0,21	0,83	1,11	1,14
0	0,14	0,97	0,74	0,72
1	**0,21**	**1,18**	**1,10**	**1,82**
2	0,09	1,27	0,46	0,83
3	**0,41**	**1,68**	**2,17**	**2,09**
4	**1,01**	**2,69**	**5,36**	**7,59**
5	−0,05	2,65	−0,24	0,27

238 titres composent l'échantillon.

−1,90% ($t = -4,94$) et les seconds ont aux dates 0 et 1 une $RAMC_t$ de −2,31% ($t = -4,70\%$).

Aucun impact n'est décelé à l'annonce d'une émission d'actions. Par contre quelques jours après, des rentabilités anormales significatives sont observées, correspondant à des tests statistiques de 2,40 et 5,33 en $t + 3$ et $t + 4$. Les cours ne réagissent pas à l'annonce de l'émission mais à un autre événement. Or, si on regarde la moyenne de l'échantillon entre la date d'annonce et la date de réalisation de l'opération (DEX), celle-ci est de 5 jours. Dès lors, une étude d'événement est conduite, centrée sur cette nouvelle date.

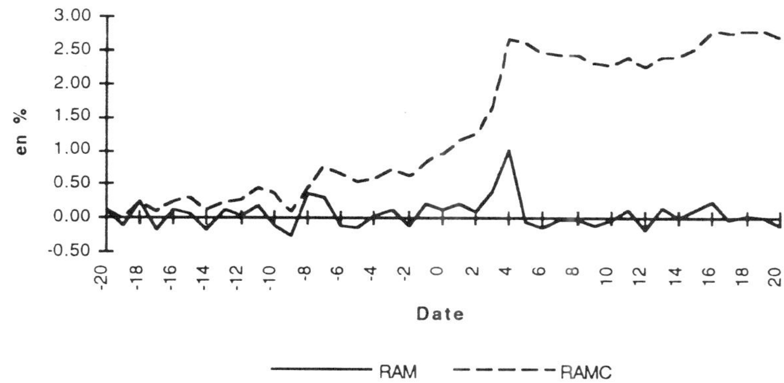

FIGURE 4

Impact sur la richesse des actionnaires en cas d'annonce d'une émission d'actions à la date d'annonce du BALO

TABLEAU 12

Impact sur la richesse des actionnaires en cas d'annonce d'une émission d'actions à la date de réalisation de l'opération

Date	RAM *en %*	$RAMC$ *en %*	$T1$	$T2$
−5	0,14	0,73	0,74	0,72
−4	0,21	0,94	1,10	1,82
−3	0,09	1,02	0,46	0,83
−2	**0,41**	**1,43**	**2,17**	**2,09**
−1	**1,01**	**2,45**	**5,36**	**7,59**
0	−0,05	2,40	−0,24	0,27
1	−0,15	2,25	−0,79	−0,66
2	−0,03	2,22	−0,17	0,14
3	−0,02	2,20	−0,11	−0,09
4	−0,11	2,09	−0,57	−0,56
5	−0,02	2,07	−0,09	0,15

Le tableau 12 indique les RAM et $RAMC$ lorsque la date d'annonce est la date de réalisation des opérations.

Les deux jours qui précèdent la date de réalisation de l'opération conduisent à des rentabilités anormales fortement significatives. Les tests correspondants sont de 2,17 en $t-2$ et 5,36 en $t-1$.

3.2. *Interprétation des résultats*

Au vu de la réaction des cours à l'annonce des émissions d'actions ou d'obligations, il s'agit, à présent, de déterminer la nature de l'information contenue dans les rentabilités anormales.

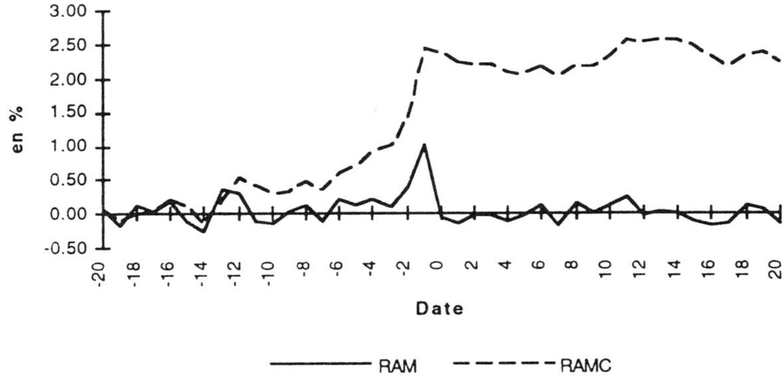

FIGURE 5

Impact sur la richesse des actionnaires en cas d'annonce d'une émission d'actions à la date de réalisation de l'opération

3.2.1. *Les émissions d'obligations*

3.2.1.1. Les obligations classiques

L'émission d'une obligation classique ne conduit pas à un impact significatif sur les cours. Le résultat est surprenant compte tenu de la littérature théorique concluant à une liaison positive entre les rentabilités anormales et l'augmentation du niveau d'endettement de l'entreprise. Dans ce cadre, une émission d'obligations signale une hausse des bénéfices futurs. Avant de regarder leur évolution, une régression est effectuée entre les rentabilités anormales à la date 1 et différentes variables explicatives. Ces dernières sont la taille de l'émission, les intérêts totaux versés chaque année et le rapport entre la taille de l'émission et la capitalisation boursière avant la date d'émission. La taille de l'émission est calculée comme étant le logarithme du montant du nominal multiplié par le nombre de titres offerts. Le calcul des intérêts totaux versés chaque année mesure la somme déductible des impôts. Elle est définie comme la multiplication du taux facial, du nominal et du nombre de titres offerts. Le logarithme du rapport entre la taille de l'émission et la capitalisation est une mesure relative du montant offert à l'émission. La régression s'écrit :

$$RA_{i1} = \alpha_i + \beta_i \text{Taille}_i + \gamma_i \text{Intérêt}_i + \phi_i \text{Rapport}_i + \varepsilon_i.$$

RA_{i1} est la rentabilité anormale à la date 1 compte tenu des résultats trouvés précédemment. Le résultat des régressions est le suivant :

Constante	*Taille*	*Intérêt*	*Rapport*	R^2	F
0,048 (2,13)		−0,0031 (−1,266)		0,02	1,26
0,0045 (1,091)	0,0033 (1,063)			0,029	1,130
0,0049 (1,282)			−0,0031 (−1,168)	0,035	1,36

Il apparaît qu'aucun des coefficients n'est significatif. L'étude des bénéfices futurs est réalisée par les tests de Friedman (1940) et de Page (1963). Pour cela trois séries sont construites, composées des bénéfices avant impôt de l'année d'émission et des deux années suivantes. L'hypothèse nulle est l'égalité des bénéfices au cours du temps. En cas de hausse future des bénéfices :

$$H0 : m_t = m_{t+1} = m_{t+2},$$
$$H1 : m_{t+2} > m_{t+1} > m_t,$$

avec m_t, le bénéfice de l'année de l'émission, m_{t+1}, le bénéfice de l'année qui suit l'émission et m_{t+2}, le bénéfice deux ans après émission.

Au seuil de 5%, et $n = 3$ (nombre de séries), les χ^2 théoriques sont :

$$\chi^2(n-1) = \chi^2(2) = 5,99 \qquad \text{(Friedman)}$$
$$\text{et} \qquad \chi^2(1) = 3,84 \qquad \text{(Page).}$$

Les résultats sont :

$$\chi_r^2 = 5,20 \qquad \text{(Friedman)}$$
$$\chi_L^2 = 2,90 \qquad \text{(Page).}$$

Le même test est effectué sur deux années consécutives :

1re hypothèse	2e hypothèse
$H0 : m_t = m_{t+1}$	$H0 : m_{t+1} = m_{t+2};$
$H1 : m_{t+1} > m_t$	$H1 : m_{t+2} > m_{t+1}.$

Les résultats sont :

$$\chi_r^2 = 3,50 \qquad \chi_r^2 = 3,01;$$
$$\chi_L^2 = 2,87 \qquad \chi_L^2 = 2,12.$$

Les tests de Page et de Friedman acceptent les deux hypothèses nulles. Une émission d'obligations classiques ne contient pas d'information sur l'évolution des bénéfices futurs. Ce résultat est similaire à celui d'Eckbo (1986). En définitive, une émission d'obligations classiques si elle modifie bien la structure financière de l'entreprise ne signale pas aux actionnaires une réduction des problèmes d'agence ou une information sur l'évolution des bénéfices futurs. La richesse des actionnaires restant inchangée, la valeur de l'entreprise ne se modifie pas avec cette opération.

3.2.1.2. Les obligations convertibles

En théorie, la rentabilité anormale est une fonction croissante du niveau d'endettement. A l'émission des obligations convertibles, les rentabilités anormales doivent donc réagir positivement. Toutefois, la partie action de ces obligations remet en cause ce principe. En effet, lors des conversions, le niveau d'endettement de l'entreprise diminue. De plus, la conversion, même graduelle, dilue la richesse des actionnaires initiaux. Ces deux effets pourraient expliquer la chute des cours à l'annonce. Dans la réalité, les conversions observées sont plus involontaires que volontaires dans la mesure où elles s'effectuent à la suite d'une demande de remboursement anticipé de la part de l'entreprise et que le montant des coupons est supérieur à celui des dividendes. En fait, l'investisseur n'achète pas des obligations convertibles dans une optique de conversion mais pour se procurer un produit disposant d'un plancher à la baisse et d'une hausse de valeur en cas de bonne performance des actions[6]. Dès lors, le faible taux lié à ces obligations par rapport aux emprunts classiques pourrait conduire à une anticipation de baisse des bénéfices futurs de la part des dirigeants. Avant d'étudier l'évolution des bénéfices futurs, les rentabilités anormales à la date 1 sont régressées par rapport à la taille de l'émission, aux intérêts totaux versés et au logarithme du rapport entre la taille de l'émission et la capitalisation boursière. Le résultat de la régression est :

Constante	*Taille*	*Intérêt*	*Rapport*	R^2	F
0,0054 (−1,384)	−0,004 (−1,22)			0,122	0,79
0,0078 (−1,516)		−0,0068 (−0,887)		0,168	0,78
−0,053 (1,30)			**−0,053** **(−2,31)**	0,133	5,30

Plus la taille des émissions augmente relativement à la capitalisation des firmes, plus les cours chutent à l'annonce d'une émission d'obligations convertibles.

6. Pour une étude sur le principe de conversion des investisseurs, voir Augros (1985). Ma, Rao et Weinstraub (1988) étudient l'impact d'une variation du cours des actions sur le cours de l'obligation convertible.

Afin de tester l'évolution des bénéfices futurs, le test de Page (1963) est réalisé. En cas de baisse des bénéfices :

$$H0 : m_t = m_{t+1} = m_{t+2};$$
$$H1 : m_t > m_{t+1} > m_{t+2}.$$

Les résultats sont :

$$\chi_r^2 = 1,35 \qquad \text{(Friedman)};$$
$$\chi_L^2 = 1,30 \qquad \text{(Page)}.$$

L'hypothèse nulle est acceptée. Une émission d'obligations convertibles ne serait pas liée à une baisse des bénéfices. Une étude comparant deux à deux les années aboutit à des résultats similaires. La présence de la rentabilité anormale négative peut se justifier de deux manières distinctes. D'une part, la théorie de l'agence justifie l'existence des obligations convertibles comme un moyen de résoudre les conflits d'intérêts entre les actionnaires et les obligataires. D'autre part, Myers et Majluf (1984), Giammarino et Lewis (1988), et Lucas et McDonald (1990) supposent que les dirigeants maximisent la richesse des actionnaires initiaux. Dès lors, toute dilution de leur richesse a un impact négatif sur les cours. Une émission d'obligations convertibles aura lieu uniquement si les actions sont surévaluées c'est-à-dire dans un état de la nature où l'asymétrie de l'information entre dirigeants et actionnaires n'est pas nulle.

3.2.1.3. Les obligations remboursables au gré de l'émetteur

L'émission d'obligations remboursables au gré de l'émetteur conduit à un impact significatif positif sur les cours boursiers. Ce résultat est à prendre avec précaution compte tenu du nombre peu important de titres composant l'échantillon. Ce type de dette est optimal pour l'entreprise puisqu'elle permet d'assimiler une dette de long terme en dette de court terme. En période de fluctuation des taux, l'entreprise peut renégocier ses emprunts afin de profiter des opportunités d'investissement. Compte tenu du faible échantillon, il n'a pas été possible d'effectuer une analyse plus approfondie par la méthode des régressions.

3.2.2. *Les émissions d'actions*

Le tableau 11 a montré qu'à l'annonce d'une émission d'actions il n'existe pas de rentabilités anormales significatives. Ce résultat va à l'encontre de ceux trouvés aux Etats-Unis par Masulis et Korwar (1986) et Mikkelson et Partch (1986). Par contre, il confirme l'effet trouvé en Grande-Bretagne par Marsh (1979). Deux raisons peuvent être avancées pour expliquer ces divergences :

– Les émissions d'actions aux Etats-Unis n'offrent pas le droit préférentiel aux anciens actionnaires. Dès lors, la richesse des anciens actionnaires se trouve effectivement diluée avec celle des nouveaux actionnaires. En France et en Grande-Bretagne, la présence d'un droit de souscription préférentiel assure aux investisseurs une neutralité de l'opération. En effet, comme le souligne Ginglinger (1984), si les investisseurs exercent leur option, ils obtiennent de nouvelles actions et donc leur richesse n'est pas modifiée. Si les investisseurs n'exercent pas leur option, ils peuvent vendre leurs droits, compensant ainsi leurs pertes dues à la dilution de leur richesse. Toutefois, si l'action de l'entreprise est surévaluée, cette dernière opération leur procure un gain. Par contre, si la firme est sous-évaluée, ils subiront une perte de richesse.

– La deuxième distinction entre les émissions d'actions françaises et américaines est l'utilisation de la garantie bancaire. Elle assure qu'en cas d'échec de l'opération, la banque souscrive aux actions. Ce procédé limite l'asymétrie d'information entre les investisseurs et les dirigeants. En effet, la banque ne s'engage que si les actions sont sous-évaluées ou au plus correctement évaluées par le marché afin d'espérer des plus-values. Le prix d'émission correspond donc à un arbitrage entre les intérêts de l'entreprise (vendre au prix le plus fort) et de la banque (acheter au prix le plus faible). Ainsi, les investisseurs anticipent que le prix proposé est un cours d'équilibre et correspond à la vraie valeur de l'entreprise. Les émissions d'actions ne sont donc pas synonymes de sous-évaluation de la firme et donc de chute des cours à leur annonce.

Dans ce contexte, les résultats trouvés sur le marché français vont dans le même sens que les conclusions théoriques de Myers et Majluf (1984), Giammarino et Lewis (1988) et de Lucas et McDonald (1990). Pour ces auteurs, la réaction négative des cours est une fonction décroissante de l'asymétrie d'information. En absence d'asymétrie, les cours ne réagissent pas à l'annonce puisque les investisseurs anticipent parfaitement la valeur des actifs en place et les opportunités d'investissement. Afin de comprendre les motivations des émissions d'actions, plusieurs critères sont analysés. En premier lieu, les $RAMC_t$ sont calculées de -100 à -20 jours avant la date de réalisation de l'opération. Le test utilisé se décrit de la manière suivante :

$$T = \frac{RAMC_t}{\sigma(RAM_t)} \sim T_N,$$

où :

$$RAMC_t = \frac{1}{N} \sum_{i=1}^{N} \sum_{t_2=-100}^{t_1=-20} \frac{AR_{it}}{\sqrt{t_2 - t_1 + 1}},$$

avec N, le nombre de firmes composant l'échantillon et AR_{it}, rentabilité anormale du titre i à la date t.

La $RAMC_t$ est de 6,04% avec un test de student de 5,74 significatif au seuil de 5%. Asquith et Mullins (1986) trouvent avant les émissions d'actions une $RAMC_t$ de 1,41% ($t = 2,05$) interprétant l'existence de rentabilités anormales positives avant l'annonce comme une surévaluation des firmes.

Cette explication, comme il a été souligné un peu plus haut, est peu satisfaisante sur le marché français. Afin d'apporter une réponse plus précise, des régressions sont réalisées en tenant compte de différentes variables :

- RMM : rentabilités cumulées de l'indice sur $(-100, -20)$ jours avant la date de réalisation de l'opération.
- RTM : rentabilités cumulées des titres sur $(-100, -20)$ jours avant la date de réalisation de l'opération.
- STD : écart-type des rentabilités anormales estimé sur $(-100, -20)$ jours avant la date de l'opération.

La variable dépendante est le nombre d'opérations réalisées chaque année. RMM et RTM sont les moyennes des RMM et RTM calculées pour chacun des titres qui ont eu leurs opérations dans l'année considérée.

Constante	*RMM*	*STD*	
$7{,}06 \cdot 10^{-3}$ (1,050)	**0,041** **(3,01)**	0,087 (1,25)	$R^2 = 0{,}17$ $F = 3{,}90$

Constante	*RTM*	
$1{,}26 \cdot 10^{-3}$ (1,92)	**0,030** **(2,10)**	$R^2 = 0,12$ $F = 3{,}11$

La décision d'une émission d'actions dépend des conditions du marché. En période de hausse et par conséquent de fortes rentabilités du titre, un nombre plus important d'opérations a été réalisé. Les hausses du cours du titre ne s'assimilent donc pas à une surévaluation du titre au sens de Myers et Majluf (1984) mais simplement à un marché haussier assurant que le placement s'effectue dans de bonnes conditions. Ceci explique l'existence des rentabilités anormales moyennes positives et significatives avant l'annonce de l'émission. Celle-ci, ne conduisant pas à un impact sur les cours, ne signale donc pas aux actionnaires une modification de la valeur de la firme.

Conclusion

Ce travail a analysé l'impact d'une modification de la structure financière sur la valeur de la firme ou la richesse des actionnaires. Pour ceci, deux types d'analyses sont effectués. D'une part, la méthodologie des études d'événement est utilisée pour mesurer l'impact à l'annonce d'une émission de titres. Ensuite, une étude de la rentabilité anormale et de l'évolution des bénéfices futurs est réalisée afin de comprendre la nature de l'information liée aux émissions de titres.

Les émissions d'obligations classiques sont des emprunts à taux fixe sans possibilité de remboursement anticipé. Quarante-trois emprunts sont sélectionnés à partir de la base de données obligations AFFI-SBF (1990) et le BALO. La date d'annonce est prise dans cette publication administrative. A l'annonce d'une émission d'obligations classiques, la rentabilité anormale moyenne de l'échantillon est de $-0{,}67\%$ ($t = -1{,}94$). La modification de la structure financière par cette opération ne modifie ni la valeur des actions ni la valeur de la firme. Les résultats sont conformes à ceux d'Eckbo (1986), Dann et Mikkelson (1986) et Hansen et Crutchley (1990). Toutefois, il faut remarquer la structure particulière de notre échantillon composé essentiellement de firmes dont le risque de faillite est très faible (en raison de leur caractère para-public) et où la capacité de financement est extrêmement importante.

En ce qui concerne les obligations convertibles, une réaction négative et significative des cours à l'annonce est observée. La rentabilité anormale moyenne est de $-0{,}56\%$ avec un student de $-2{,}41$. Cette réaction négative des cours s'explique à la fois par l'existence de la clause optionnelle qui réduit les coûts d'agence entre les actionnaires et les obligataires et la dilution future de la richesse des anciens actionnaires. La réaction des cours est proportionnelle à la taille des émissions. La valeur de la firme est donc affectée par cette modification de la structure financière.

L'échantillon des émissions d'actions en numéraire est constitué de 238 titres sur la période. Dans le cas français, celles-ci se font principalement avec droit de souscription et garantie bancaire. Ces deux hypothèses sont particulièrement importantes pour comparer les résultats avec ceux des études américaines. En effet, aux Etats-Unis, les émissions se font normalement sans garantie bancaire et sans droit préférentiel aux anciens actionnaires. Dès lors, l'émission d'actions en numéraire dilue la richesse des anciens actionnaires sans possibilité de compensation par la vente de leur droit et l'asymétrie d'information entre les dirigeants et les investisseurs peut être importante. Dans le cas français, l'existence du droit préférentiel limite, non pas totalement, mais en partie le problème de dilution puisque l'actionnaire peut vendre son droit. De plus, la présence de garanties bancaires permet de trouver un prix d'émission d'équilibre entre la firme (le vendeur) et la banque (l'acheteur). Cette garantie limite le problème de surévaluation. Le résultat de l'étude d'événement n'a pas montré un impact significatif à la date d'annonce. Par contre, les deux jours qui précèdent la date de réalisation de l'opération, les rentabilités anormales sont positives et significatives. Par ailleurs, ces émissions sont particulièrement sensibles à l'évolution du marché. En régressant le nombre des émissions avec la rentabilité cumulée du marché avant l'opération, le coefficient est de 0,041 (t = 3,01). Les résultats des émissions d'actions ne contredisent pas la théorie puisque celle-ci montre que l'impact sur les cours est une fonction croissante de l'asymétrie d'information. Une émission d'actions conduit donc à un effet positif sur la valeur de la firme qui n'est pas consécutif à l'annonce de la modification de la structure financière.

En définitive, les résultats montrent qu'une décision de financement a effectivement un impact sur la richesse des actionnaires et la valeur de la firme. Toutefois, la réaction des cours varie en fonction du mode de financement choisi par les sociétés. Le choix d'une structure financière ne relève donc pas des mêmes motivations de la part des dirigeants et ne signale pas le même type d'information. Ceci confirme bien les premières conclusions des modèles théoriques.

Bibliographie

Abdel-Khalik A. R. et J. C. McKeown, 1978, «Understanding accounting changes in an efficient market : evidence of differential reaction», *The Accounting Review*, vol. 53, n° 41, October, pp. 851-868.

AFFI-SBF, 1990, Banque de données actions et obligations.

Aghion P. et P. Bolton, 1988, «An incomplete contract approach to bankruptcy and financial structure of the firm», *MIT Department of Economics Working Paper*, 484, March.

Aghion P., M. Dewatripoint et P. Rey, 1990, «Optimal incentive schemes and the coexistence of debt and equity», *Working Paper*, Delta.

Aivazian V. A. et J. L. Callen, 1980, «Corporate leverage and growth», *Journal of Financial Economics*, vol. 8, pp. 379-399.

Akerlof G. A. , 1970, «The market for 'lemons' : quality and the market mechanism», *Quarterly Journal of Economics*, vol. 84, pp. 488-500.

Asquith P., 1983, «Mergers bids, uncertainty, and stockholder returns», *Journal of Financial Economics*, vol. 11, pp. 51-83.

Asquith P. , R. F. Brunner et David W. Mullins, 1983, «The gains to bidding firms from mergers», *Journal of Financial Economics*, vol. 11, n° 1, pp. 121-139.

Asquith P. , P. Healy et K. Palepu, 1989, «Earnings and stocks splits», *The Accounting Review*, vol. 64, n° 3, pp. 387-403.

Asquith P. et D. W. Mullins, 1986, «Equity issues and offering dilution», *Journal of Financial Economics*, vol. 15, pp. 61-89.

Associés en Finance, 1990, *Les options sur actions et sur indice*, 3e édition, PUF.

Atchison M. D.,1986, «Non-representative trading frequencies and the detection of abnormal performance», *The Journal of Financial Research*, vol. 9, n° 4, Winter, pp. 343-348.

Augros J-C., 1985, *Finance : options et obligations convertibles*, Economica.

Ball R. et P. Brown, 1968, «An empirical evaluation of accounting income numbers», *Journal of Accounting Research*, vol. 6, n° 2, Autumn, pp. 159-178.

Ball C. A. et W. N. Torous, 1988, «Investigating security-price performance in the presence of event-date uncertainty», *Journal of Financial Economics*, vol. 22, n° 1, pp. 123-153.

Banz, R. W., 1981, «The relationship between return and market value of common stocks», *Journal of Financial Economics*, vol. 9, n° 1, pp. 3-18.

Barnea A., R. A. Haugen et L. W. Senbet, 1980, «A rationale for debt maturity structure and call provisions in the agency theoretic framework», *The Journal of Finance*, vol. 35, n°5, December, pp. 1223-1234.

Barnea A., R. A. Haugen et L. W. Senbet, 1985, *Agency problems and financial contracting*, Prentice Hall.

Basu S., 1983, «The relationship between earnings' yield, market value and return for NYSE common stocks», *Journal of Financial Economics*, vol. 12, pp. 129-156.

Beaver W. H., 1981,«Econometric properties of alternative security return methods», *Journal of Accounting Research*, vol. 19, n°1, Spring, pp. 163-184.

Berglöf E., 1990, «Corporate acquisitions and the complementarity of debt and equity», *Working Paper*, Stockholm School of Economics, May.

Berry M. A., G. W. Gallinger et G. V. Henderson, 1990, «Using daily stock returns in event studies and the choice of parametric versus nonparametric test statistics», *Quarterly Journal of Business and Economics*, vol. 29, pp. 70-85.

Bhagat S. M., W. Marr et G. R. Thompson, 1985, «The rule 415 experiment : equity markets», *The Journal of Finance*, vol. 40, n°5, December, pp. 1385-1401.

Binder J. J., 1985a, «Measuring the effects of regulation with stock price data», *Rand Journal of Economics*, vol. 16, Summer, pp. 167-183.

Binder J. J., 1985b, «On the use of multivariate regression model in event studies», *Journal of Accounting Research*, vol. 23, n°1, Spring, pp. 370-383.

Bito C., 1988, *La gestion obligataire*, Dalloz.

Black H. A., M. A. Fields et R. L. Schweitzer, 1990, «Changes in interstate banking laws : the impact on shareholder wealth», *The Journal of Finance*, vol. 45, n°5, pp. 1663-1672.

Black F. et M. S. Scholes, 1973, «The pricing of options and corporate liabilities», *Journal of Political Economy*, vol. 81, n°3, Mai-Juin, pp. 637-659.

Blazenko G., 1987, «Managerial preference, asymetric information and financial structure», *The Journal of Finance*, vol. 42, n°4, pp. 839-862.

Bodie Z. et R. A. Tagart, 1978, «Future investment opportunities and the value of the call provision on a bond», *Journal of Finance*, vol. 33, n°4, pp. 1187-1200.

Bonnier K. et R. F. Bruner, 1989, «An analysis of stock price reaction to management change in distress firms», *Journal of Accounting and Economics*, vol. 11, pp. 95-106.

Bowman R. G., 1983, «Understanding and conducting event studies», *Journal of Business and Accounting*, vol. 10, n°4, pp. 561-584.

Brander J. et T. R. Lewis, 1986, «Oligopoly and financial structure : the limited liability effect», *American Economic Review*, vol. 76, pp. 956-970.

Brealey R. A. et S. C. Myers, 1988, *Principles of corporate finance*, 3e édition, McGraw-Hill International, Finance Series.

Brennan M. J. et T. E. Copeland, 1988, «Stock splits, stock prices ans transactions costs», *Journal of Financial Economics*, vol. 22, n°1, pp. 83-102.

Brick I. E., M. Statman et D. G. Weaver, 1989, «Event studies and model misspecification : another look at the benefits of outsiders from public information about insider trading», *Journal of Business and Accounting*, vol. 16, n°3, Summer, pp. 399-424.

Brickley J. A., 1983, «Shareholder wealth, information signaling and the specially designated dividend», *Journal of Financial Economics*, vol. 12, pp. 187-209.

Brown S., A. W. Kleindon et T. A. Marsh, 1983, «New evidence on the nature of size-related anomalies in stocks prices», *Journal of Financial Economics*, 12, pp. 33-56.

Brown S. J. et J. B. Warner, 1980, «Measuring security price performance», *Journal of Financial Economics*, vol. 8, pp. 205-258.

Brown S. J. et J. B. Warner, 1985, «Using daily stocks returns : the case of event studies», *Journal of Financial Economics*, vol. 14, pp. 3-31.

Brown S. J. et M. I. Weinstein, 1985, «Derived factors in event studies», *Journal of Financial Economics*, vol. 14, pp. 491-495.

Bulletin des Annonces Légales, publication par le *Journal Officiel*.

Burgstahler D. et E. W. Noreen, 1986, «Detecting contemporaneous security market reactions to a sequence of related events», *Journal of Accounting Research*, vol. 24, n° 1, Spring, pp. 170- 186.

Chari V. V., R. Jagannathan et A. R. Ofer, 1988, «Seasonalities in security returns : the case of earnings announcements», *Journal of Financial Economics*, vol. 21, n° 1, May, pp. 101-122.

Christie A. A., 1983, «On information arrival and hypothesis testing in event studies», *working paper*, Graduate School of Management, University of Rochester.

Collins D. W. et W. T. Dent, 1984, «A comparaison of alternative testing methodologies used in capital market research», *Journal of Accounting Research*, vol. 22, n° 1, Spring, pp. 48-84.

Collins D. W., M. S. Rozeff et D. S. Dhaliwal, 1981, «The economic determinants of the market reaction to proposed mandatory accounting changes in the oil and gas industry : a cross- sectional analysis», *Journal of Accounting and Economics*, vol. 3, n° 1, pp. 37-71.

Collins D. W., M. S. Rozeff, W. K. Salatka, 1982, «The SEC's rejection of SFAS n° 19 : Tests of market price reversal», *The Accounting Review*, vol. 52, n° 1, January, pp. 1-17.

Connolly R. A. et H. McMillan, 1987, «Time inconditional variances and event studies; the case of capital structure changes», *Working Paper*, Graduate School of Management, University of California.

Conover W. J., 1989, *Practical Nonparametric Statistics*, 2ed, John Wiley & Sons.

Conrad J., 1989, «The price effect of option introduction», *The Journal of Finance*, vol. 44, June, pp. 487-496.

Corrado C., 1989, «A nonparametric test for abnormal security price performance in event studies», *Journal of Financial Economics*, 23, pp. 385-395.

Cox J. C. et M. Rubinstein, 1985, *Options markets*, Prentice Hall.

Crutchley C. E. et R. S. Hansen, 1989, «A test of the agency theory of managerial ownership, corporate leverage and corporate dividends», *Financial Management*, Winter, pp. 36-46.

Dann L. Y. et W. H. Mikkelson, 1984, «Convertible debt issuance capital structure change and financing-related information : some new evidence», *Journal of Financial Economics*, 13, pp. 157-186.

DeAngelo H. et R. W. Masulis, 1980, «Optimal capital structure under corporate and personal taxation», *Journal of Financial Economics*, 8, pp. 3-30.

Derbel T., 1991, *Les anomalies dans les rentabilités boursières à la bourse de Paris : les effets EPR, taille, niveaux de cours et volume de transaction : 1980-1990*, Thèse, Université Paris-Dauphine.

Dierkens N., 1991, «Information asymmetry and equity issues», *Journal of Financial and Quantitative Analysis*, vol. 26, n° 2, June, pp. 181-199.

Dimson E., 1979, «Risk measurement when shares are subjet to infrequent trading», *Journal of Financial Economics*, 7, pp. 197-226.

Dimson E. et P. Marsh, 1986, «Event study methodologies and the size effect : the case of UK press recommendations», *Journal of Financial Economics*, 17, pp. 113-142.

Dodd P. et R. Leftwich, 1980, «The market for corporate charters : unhealthy competition versus federal regulation», *Journal of Business*, vol. 53, n°3, pp. 160-283.

Dowen R. J. et S. C. Isberg, 1988, «Reexamination of the intervalling effect of the CAPM using a residual return approach», *Quarterly Journal of Business and Economics*, Summer, pp. 114-1129.

Dunn K. B. et K. M. Eades, 1989, «Voluntary conversion of convertible securities and the optimal call strategy», *Journal of Financial Economics*, vol. 23, pp. 273-301.

Dyckman T., D. Philbrick et J. Stephan, 1984, «A comparaison of event study methodologies using daily stock returns : A simulation approach», *Journal of Accounting Research*, vol. 22, Supplement, pp. 1-30.

Eades K. M., P. J. Hess et E. H. Kim, 1985, «Market rationality and dividend announcements», *Journal of Financial Economics*, vol. 14, n°4, pp. 581-604.

Eckbo B. E., 1986, «Valuation effects of corporate debt offerings», *Journal of Financial Economics*, vol. 15, pp. 119-151.

Etebari A., J. O. Horrigan et J. L. Landwehr, 1987, «To be or not to be : reaction of stock returns to sudden deaths of corporate chief executive officiers», *Journal of Business Finance and Accounting*, vol. 14, Summer, pp. 255-278.

Fabozzi F. J. et J. C. Francis, 1977, «Stability tests for alphas and betas over bull and bear market conditions», *The Journal of Finance*, vol. 32, n°4, September, pp. 1093-1099.

Fama E. F.,1976, *Foundations of Finance : portfolio decisions and securities prices*, New York, Basic Books.

Fama E. F., 1978, «The effect of firm's investment and financing decisions on the welfare of its security holders», *American Economic Review*, 68, June, pp. 272-284.

Fama E. F., 1980, «Agency problems and the theory of the firm», *Journal of Political Economy*, 88, April, pp. 288-307.

Fama E. F., L. Fisher, M. Jensen et R. Roll, 1969, «The adjustment of stocks prices to new information», *International Economic Review*, 10, February, pp. 1-21.

Fama E. F. et J. D. McBeth, 1973, «Risk, return and equilibrium : empirical tests», *Journal of Political Economy*, May/June, pp. 607-636.

Fowler David J. et C. H. Rorke, 1983, «Risk measurement when shares are subjet to infrequent trading», *Journal of Financial Economics*, 12, pp. 272-283.

Francis Lefebvre, *Droit des sociétés*, Editions Francis Lefebvre, 1990.

French K. R., 1980, «Stock returns and the weekend effect», *Journal of Financial Economics*, vol. 8, n°1, pp. 55-69.

Fried D. et D. Givoly, 1982, «Financial analysts' forecasts of earnings : a better surrogate for market expectations», *Journal of Financial Economics*, pp. 85-107.

Friend I. et L. H. Lang, 1988, «An empirical test of the impact of managerial self-interest on corporate capital structure», *The Journal of Finance*, vol. 43, n°2, June, pp. 271-281.

Frost P. E. et H. Tamura, 1982, «Jackknifed ratio estimation in statistical auditing», *Journal of Accounting Research*, vol. 20, Spring, pp. 103-120.

Frost P. E. et H. Tamura, 1986, «Accuracy of auxiliary information interval estimation in statistical auditing», *Journal of Accounting Research*, vol. 24, n°1, Spring, pp. 57-75.

Galai D. et R. W. Masulis, 1976, «The option pricing model and the risk factor of stock», *Journal of Financial Economics*, vol. 3, Janv./Mars, pp. 53-82.

Ghosh C., R. Varma et J. R. Woolridge, 1990, «An analysis of exchange debt offers», *Journal of Financial Economics*, vol. 28, pp. 251-263.

Giammarino R. M., 1989, «The resolution of financial distress», *The Review of Financial Studies*, vol. 2, n° 1, pp. 25-47.

Giammarino R. M. et T. Lewis, 1988, «A theory of negotiated equity financing», *Review of Financial Studies*, vol. 1, n° 3, Fall, pp. 265-288.

Gibbons M. R. et P. Hess, 1981, «Day of the week effects and asset returns», *Journal of Business*, vol. 54, n° 4, pp. 579-596.

Ginglinger E., 1984, *Augmentations de capital en numéraire et financement des sociétés cotées durant la période 1969-1982*, Thèse de 3e cycle, Université Paris-Dauphine.

Ginglinger E., 1991, *Le financement des entreprises par les marchés des capitaux*, PUF.

Giroux G. A. et C. E. Wiggins, 1984, «An events approach to corporate bankruptcy», *Journal of Banking Research*, vol. 15, n° 3, pp. 179-187.

Glascock J. L., W. N. Davidson et G. V. Henderson, 1987, «Announcement effects of Moody's bond rating changes on equity returns», *Quarterly Journal of Business and Economics*, vol. 26, pp. 67-78.

Gonedes N. J., 1975, «Risk, information, and the effects of special acounting items on capital market equilibrium», *Journal of Accounting Research*, Autumn, pp. 220-256.

Green R. C., 1984, «Investment incentives, debt, and warrants», *Journal of Financial Economics*, vol. 13, pp. 115-136.

Grossman S. J. et O. D. Hart, 1980, «Takeover bids, the free-rider problem and the theory of the corporation», *The Bell Journal of Economics*, pp. 42-64.

Hachette I., 1991, *Opérations financières, valeur de la firme et transfert de richesse : le cas français 1980-1990*, Thèse de troisième cycle, Université Paris-Dauphine.

Hachette I. et H. M. Mai, 1991, «Le traitement des données manquantes pour la recherche en finance : le cas de la base de données AFFI-SBF», *Cahiers du CEREG*, Université Paris-Dauphine.

Hamon J. et B. Jacquillat, 1992, *Le marché français des actions : études empiriques, 1977-1991*, PUF.

Handbook of Econometrics, 1990, Griliches Zvi et Michael D. Intriligator ed., North-Holland.

Hansen R. et C. Crutchley, 1990, «Corporate earnings and financings : an empirical analysis», *Journal of Business*, vol. 63, n° 3, pp. 347-371.

Harris M. et A. Raviv, 1988, «Corporate control contest and capital structure», *Journal of Financial Economics*, vol. 20, pp. 55-86.

Harris M. et A. Raviv, 1990, «Capital structure and the informational role of debt», *The Journal of Finance*, vol. 45, n° 2, pp. 321-349.

Harris M. et A. Raviv, 1991, «The theory of capital structure», *The Journal of Finance*, vol. 46, n° 1, March, pp. 297-355.

Harrison W. T., 1977, «Different market reactions to discretionary and nondiscretionary accounting changes», *Journal of Accounting Research*, Spring, pp. 84-107.

Harrison W. T., L. A. Tomassini et J. R. Dietrich, 1983, «The use of control groups in capital market research», *Journal of Accounting Research*, vol. 21, n° 1, Spring, pp. 65-77.

Haugen R. A. et L. W. Senbet, 1978, «The insignificance of bankrupty costs to the theory of optimal capital structure», *The Journal of Finance*, vol. 33, May, pp. 383-393.

Haugen R. A. et L. W. Senbet, 1988, «Bankruptcy and agency costs : their significance to theory of optimal capital structure», *Journal of Financial and Quantitative Analysis*, vol. 23, n°1, March, pp. 27-38.

Healy P. M. et K. G. Palepu, 1988, «Earnings information conveyed by dividend initiations and omissions», *Journal of Financial Economics*, vol. 21, n°2, pp. 149-176.

Heinkel R., 1982, «A theory of capital structure relevance under imperfect information», The *Journal of Finance*, vol. 37, n°5, pp. 1141-1150.

Heinkel R. et A. Kraus, 1988, «Measuring event impacts in thinly traded stocks», *Journal of Financial and Quantitative Analysis*, vol. 23, n°1, March.

Henderson G. V., 1990, «Problems and solutions in conducting event studies», *The Journal of Risk and Insurance*, pp. 282-306.

Hess A. C. et S. Bhagat, 1986, «Size effects of seasoned stock issues : empirical evidence», *Journal of Business*, vol. 59, n°4, pp. 567-584.

Hess A. C. et P. A. Frost, 1982, «Tests for price effects of new issues of seasoned securities», *The Journal of Finance*, vol. 36, n°1, March, pp. 11-25.

Homaifar G. et W. L. Randolph, Billy P. Helms et Mahmoud Haddad, 1988, «American presidential elections and returns of defense industry stocks», *Applied Economics*, vol. 20, July, pp. 985-993.

Horsky D. et P. Swyngedouw, 1987, «Does it pay to change your company's name? a stock market perspective», *Marketing Science*, vol. 6, pp. 320-335.

Hughes J. S. et W. E. Ricks, 1984, «Accounting for retail land sales : analysis of a mandated change», *Journal of Accounting and Economics*, vol. 6, pp. 1-32.

Jacquillat B., 1991, «The dual method of corporate profits distribution in France : an empirical and technical study, 1983-1991», *Cahiers du CEREG*, n°9210, Université Paris-Dauphine.

Jacquillat B. et I. Hachette, 1990, «Modes d'actionnariat et marché du contrôle : une comparaison internationale», *Cahiers du CEREG*, n°9013, Université Paris-Dauphine.

Jacquillat B. et S. de Laguiche, 1990, «Risque des obligations à taux variable, une étude empirique sur le marché français», *Cahiers du CEREG*, Université Paris-Dauphine.

Jacquillat B. et S. de Laguiche, 1993, «A quasi process free valuation model of floating rate instruments – Theory and evidence», *Journal of Banking and Finance*, à paraître.

Jacquillat B. et M. Levasseur, 1984, «Signaux, mandats et gestion financière : une synthèse de la littérature», *Finance*, vol. 5, pp. 8-89.

Jacquillat B. et B. Solnik, 1990, *Marchés financiers : gestion de portefeuille et des risques*, Dunod.

Jaffe J. F., 1974, «Special information and insider trading», *Journal of Business*, 47, July, pp. 410-428.

Jain P. C., 1983, «The impact regulation on the stock market : the case of oil and gas companies : a further analysis», *The Accounting Review*, vol. 58, n°3, pp. 633-638.

Jain P. C., 1986a, «Analyses of the distribution of security market model prediction errors for daily returns data», *Journal of Accounting Research*, vol. 24, n°1, Spring, pp. 76-98.

Jain P. C., 1986b, «Relation between market model predictions errors and omitted variables : a methological note», *Journal of Accounting Research*, vol. 24, n°1, Spring, pp. 187-193.

Janjigan V., 1987, «The leverage changing consequences of convertible debt financing», *Financial Management*, Autumn, pp. 15-21.

Jensen M., 1972, «Capital markets : theory and evidence», *Bell Journal of Economics and Management Science*, Autumn, pp. 357-398.

Jensen M. C. et R. S. Ruback, 1983, «The market for corporate control», *Journal of Financial Economics*, vol. 11, pp. 5-55.

Jensen M. C., 1986, «Agency costs of free cash flow, corporate finance and takeovers», *American Economic Review*, vol. 76, pp. 323-339.

Jensen M. C. et W. H. Meckling, 1976, «Theory of the firm : managerial behaviour agency costs and capital structure», *Journal of Financial Economics*, vol. 3, October, pp. 305-360.

Johnson J. M., R. A. Pari et L. Rosenthal, 1989, «The impact of In-Substance defeasance on bondholder and shareholder wealth», *The Journal of Finance*, vol. 44, n°4, pp. 1049-1058.

Kalay A. et U. Loewenstein, 1985, «Predictable events and excess returns : the case of dividend announcements», *Journal of Financial Economics*, vol. 14, n°3, pp. 423-449.

Kalay A. et A. Shimrat, 1987, «Firm value and seasoned equity issues : price pressure, wealth redistribution or negative information», *Journal of Financial Economics*, 19, pp. 109-126.

Karafiath I., 1988, «Using dummy variables in the event methodology», *The Financial Review*, vol. 23, n°3, August, pp. 351-357.

Karpoff J. M. et R. A. Walking, 1988, «Short term trading around ex-dividend days : additional evidence», *Journal of Financial Economics*, vol. 21, n°2, pp. 291-298.

Keim D. B., 1983, «Size-related anomalies and stock return seasonality», *Journal of Financial Economics*, 12, pp. 13-32.

Kim Y. O.,1990, «Informative conversion ratios : a signalling approach», *Journal of Financial and Quantitative Analysis*, vol. 25, n°2, June, pp. 229-243.

Kim M. et V. Maksimocic, 1990, «Debt and input Misallocation», *The Journal of Finance*, vol. 45, n°3, July, pp. 795-816.

Kim W. S. et E. H. Sorensen, 1986, «Evidence on the impact of the cost of debt on corporate debt policy», *Journal of Financial and Quantitative Analysis*, vol. 21, n°2, June, pp. 131-144.

Kim Y. C. et R. M. Stulz, 1988, «The eurobond market and corporate financial policy», *Journal of Financial Economics*, vol. 22, n°2, pp. 189-205.

Klein A. et J. Rosenfeld, 1987, «The influence of market conditions on event-study residuals», *Journal of Financial and Quantitative Analysis*, vol. 22, n°3, September, pp. 345-351.

Kolodny R. et D. R. Suhler, 1985, «Changes in capital structure, new equity issues and scale effects», *The Journal of Financial Research*, vol. 8, n°2, Summer, pp. 127-136.

Krasker William S., 1986, «Stock price movements in response to stock issues under asymmetric information», *The Journal of Finance*, vol. 41, n°1, pp. 93-105.

Kreps D. M., 1990, *A course in microeconomic theory*, Harvester Wheatsheaf, «Leçons de théorie micro-économique», PUF, à paraître, 1993;

Kwock C. et L. D. Brooks, 1990, «Examining event study methodologies in foreign exchange markets», *Journal of International Business Studies*, second quater, pp. 189-224.

Laguiche de, Sylvie, 1990, *Evaluation et risque des obligations à taux variable sur le marché français. Contrôle optimal et problème de stockage en univers incertain*, Thèse, Université Paris-Dauphine.

Lamoureux C. G. et P. Poon, 1987, «The market reaction to stock splits», *The Journal of Finance*, vol. 42, n°5, pp. 1347-1370.

Lecoutre J-P. et P. Tassi, 1987, *Statistique non paramétrique et robustesse*, Economica.

Leland H. E. et D. H. Pyle, 1977, «Informational asymetries, financial structure and financial intermediation», *The Journal of Finance*, vol. 32, n°2, May, pp. 371-387.

Lev B., 1979, «The impact of accounting regulation on the stock market : the case of oil and gas companies», *The Accounting Review*, vol. 54, n°3, pp. 485-503.

Lewis G. M.,1990, «A multiperiod theory of corporate financial policy under taxation», *Journal of Financial and Quantitative Analysis*, vol. 25, n°1, March, pp. 25-43.

Linn J-C. et J. S. Howe, 1989, «Insider trading in the OTC market», *The Journal of Finance*, vol. 45, n°4, pp. 1273-1284.

Linn S. et J. L. McConnell, 1983, «An empirical investigation of the impact of antitakeover amendments on common stock prices», *Journal of Financial Economics*, 11, pp. 361-399.

Lintner J., 1965, «The valuation of risk assets and the relation of risky investments in stock portfolios and capital budget», *Review of Economics and Statistics*, 47, pp. 13-37.

Litzenberger R. H. et Krishna Ramaswany, 1979, «The effects of personal taxes and dividends on capital asset prices : theory and empirical evidence», *Journal of Financial Economics*, vol. 7, n°2, pp. 163-196.

Liu P., S. D. Smith et A. A. Syed, 1990, «Stock prices reactions to *The Wall Street Journal's* securities recommendations», *Journal of Financial and Quantitative Analysis*, vol. 25, n°3, September, pp. 399-410.

Loderer C. J. W. Cooney et Leonard D. Van Drunen, 1991, «The price elasticity of demand for common stock», *The Journal of Finance*, Vol. 46, n°2, June, pp. 621-651.

Loderer C. F., D. P. Sheehan et G. B. Kadlec, 1991, «The pricing of equity offerings», *Journal of Financial Economics*, vol. 29, pp. 35-57.

Lucas D. J. et R. L. McDonald, 1990, «Equity issues and stock price dynamics», *The Journal of Finance*, vol. 45, n°4, September, pp. 1019-1043.

Ma C. K., R. P. Rao et H. J. Weintraub, 1988, «The seasonality in convertible bond markets : a stock effect or bond effect», *The Journal of Financial Research*, vol. 11, n°4, Winter, pp. 335- 347.

MacKie-Mason J., 1990, «Do taxes affect corporate financing decisions?», *The Journal of Finance*, vol. 45, n°5, December, pp. 1471-1493.

Mais E. L., W. T. Moore et R. C. Rogers, 1989, «A re-examination of shareholder wealth effects of calls of convertible preferred stock», *The Journal of Finance*, vol. 44, n°5, pp. 1401-1410.

Malatesta P. H., 1986, «Measuring abnormal performance : the event parameter approach using joint generalized least squares», *Journal of Financial and Quantitative Analysis*, vol. 21, n°1, March.

Malatesta P. H. et R. A. Walking, 1988, «Poison pills securities : stockholder wealth, profitability, and ownership structure», *Journal of Financial Economics*, vol. 20, 1/2, pp. 347-376.

Mandelker G., 1974, «Risk and return : the case of merging firms», *Journal of Financial Economics*, 1, pp. 303-335.

Mann S. et N. W. Sicherman, 1991, «The agency cost of free cash flow : acquisition activity and equity issues», *Journal of Business*, vol. 64, n°2, pp. 213-227.

Marais L., K. Schipper et A. Smith, 1989, «Wealth effects of going private for senior securities», *Journal of Financial Economics*, vol. 23, n°1, pp. 155-191.

Marsh P., 1979, «Equity rights issues and the efficiency of the UK stock market», *The Journal of Finance*, vol. 34, n°4, September, pp. 830-862.

Marsh P., 1982, «The choice between equity and debt : an empirical study», *The Journal of Finance*, vol. 37, n°1, March, pp. 121-144.

Masulis R. W., 1980, «The effects of capital structure change of security prices : a study of exchange offers», *Journal of Financial Economics*, 8, pp. 139-178.

Masulis R. W. et A. N. Kowar, 1986, «Seasoned equity offerings», *Journal of Financial Economics*, 15, pp. 91-118.

McDonald B., 1987, «Event studies and systems methods : some additional evidence», *Journal of Financial and Quantitative Analysis*, vol. 22, n°4, December.

Mc Gahran K. T., 1989, «Discussion of Proof that in a efficient market, event studies can provide no systematic guidance for revision of accounting standards and disclosure policy», *Contemporary Accounting Research*, vol. 2, n°5, pp. 468-471.

Merton R. C., 1973, «The theory of rational option pricing», *Bell Journal of Economics and Managment Science*, 4, Spring, pp. 141-183.

Mikkelson W. D., 1981, «Convertible calls and security returns», *Journal of Financial Economics*, 9, pp. 237-264.

Mikkelson W. D. et M. M. Partch, 1986, «Valuation effects of securities offerings and the issuance process», *Journal of Financial Economics*, vol. 15, pp. 31-60.

Miller M. H., 1977, «Debt and taxes», *The Journal of Finance*, vol. 32, n°2, pp. 261-275.

Miller M. H. et K. Rock,1985 , «Dividend policy under asymetric information», *The Journal of Finance*, vol. 30, n°4, September, pp. 1031-1051.

Miller R. G., 1974, «The Jackknife – A review», *Biometrika*, vol. 61, pp. 1-15.

Mitchell M. L. et J. N. Netter, 1989, «Triggering the 1987 stock market crash : antitakeover provisions in the proposed House Ways and Means tax bill», *Journal of Financial Economics*, vol. 24, n°1, September, pp. 37-68.

Modigliani F. et M. Miller, 1958, «The cost of capital, corporation finance, and the theory of investments», *American Economic Review*, vol. 48, June, pp. 261-297.

Modigliani F. et M. Miller, 1963, «Corporate income taxes and the cost of capital : a correction», *American Economic Review*, vol. 53, pp. 433-443.

Moore W. T., D. G. Christensen et R. L. Roenfeldt, 1989, «Equity valuation effect of forming master limited partnership», *Journal of Financial Economics*, vol. 24, n°1, September, pp. 107- 124.

Morse D., 1984, «An econometric analysis of the choice of daily versus monthly returns in tests of information content», *Journal of Accounting Research*, vol. 22, n°2, Autumn, pp. 605-623.

Muscarella C. et M. R. Vetsuypens, 1989, «A simple test of Baron's model of underpricing», *Journal of Financial Economics*, vol. 24, n°1, September, pp. 125-136.

Myers S. C., 1977, «Determinants of corporate borrowing», *Journal of Financial Economics*, vol. 5, November, pp. 147-175.

Myers S. C. et N. S. Majluf, 1984, «Corporate financing and investment decisions when firms have information that investors do not have», *Journal of Financial Economics*, vol. 13, pp. 187- 221.

Narayanan M. P., 1988, «Debt versus equity under asymmetric information», *Journal of Financial and Quantitative Analysis*, vol. 23,n°1, March, pp. 39-51.

Ofer A. R. et A. Natarajan, 1987, «Convertible call policies : an empirical analysis of an information-signalling hypothesis», *Journal of Financial Economics*, vol. 19, pp. 91-108.

O'Hara M. et W. Shaw, 1990, «Deposit insurance and wealth effects : the value of being 'too big to fail'», *The Journal of Finance*, vol. 45, n°5, pp. 1587-1600.

Page E. B., 1963, «Ordered hypotheses for multiple treatments : A significance test for linear ranks», *Journal of the American Statistical Association*, March, vol. 58, pp. 216-230.

Peterson P. P., 1989, «Event studies : a review of issues and methodology», *Quarterly Journal of Business and Economics*, 28, pp. 36-66.

Quenouille M. H., 1956, «Note on bias estimation», *Biometrika*, 43, pp. 353-360.

Reinganum M. R., 1981, «Abnormal Returns in small firms portofolios», *Financial Analysts Journal*, vol. 37, n°2, pp. 52-56.

Robbins E. H. et J. D. Schatzberg, 1986, «Callable bonds : a risk-reducing signalling mechanism», *The Journal of Finance*, vol. 41, n°4, September, pp. 935-949.

Robbins E. H. et J. D. Schatzberg, 1988, «Callable bonds : a risk-reducing signalling mechanism-a reply», *The Journal of Finance*, vol. 43, n°4, September, pp. 1067-1073.

Rocke D. M. et G. W. Downs, 1981, «Estimating the variance of robust estimators of location : influence curve, Jackknife and boostrap», *Communications of Statistics, Simulations and Computation*, B10(3), pp. 221-248.

Ross S., 1977, «The determination of financial structure : The incentive signaling approach», *Bell Journal of Economics*, vol. 8, Spring, pp. 23-40.

Ross S., 1978, «The current status of the Capital Asset Pricing Model (CAPM)», *The Journal of Finance*, June, pp. 885-901.

Rozeff M. S. et W. R. Kinney, 1976, «Capital market seasonality : the case of stock returns», *Journal of Financial Economics*, vol. 3, n°4, pp. 379-402.

Schipper K. et A. Smith, 1986, «A comparaison of equity carve-outs and seasoned equity offerings», *Journal of Financial Economics*, vol. 15, pp. 153-186.

Schipper K. et R. Thompson, 1983, «The impact of merger-related regulations on the shareholders of acquiring firms», *Journal of Accounting Research*, vol. 21, n°1, Spring, pp. 184- 221.

Scholes M. et J. Williams, 1977, «Estimating betas from nonsynchronous data», *Journal of Financial Economics*, vol. 5, pp. 309-327.

Scholes M. et J. Williams, 1992, *Taxes and Business strategy, a planning approach*, Prentice Hall, et 1993, *Fiscalité et stratégie financière, une approche intégrée*, PUF (à paraître)

Schwert G. W., 1983, «Size and stock returns, and other empirical regularities», *Journal of Financial Economics*, vol. 12, n°1, pp. 3-12.

Sharpe W. F., 1964, «Capital asset prices : a theory of market equilibrium under conditions of risk», *The Journal of Finance*, September, pp. 425-442.

Slovin M. B., M. E. Sushka et C. D. Hudson, 1990, «External monitoring and its effect on seasoned common stock issues», *Journal of Accounting and Economics*, vol. 12, pp. 397-417.

Smith C. W., 1977, «Alternative methods for raising capital», *Journal of Financial Economics*, vol. 5, pp. 273-307.

Stiglitz J. E., 1974, «On the irrelevance of corporate financial policy», *American Economic Review*, vol. 64, pp. 851-866.

Stulz R., 1988, «Managerial control of voting rights : financing policies and the market for corporate control», *Journal of Financial Economics*, vol. 20, pp. 25-54.

Stulz R., 1990, «Managerial discretion and optimal financing policies», *Journal of Financial Economics*, vol. 26, pp. 3-27.

Thakor A. V., 1989, «Strategic issues in financial contracting : an overview», *Financial Management*, Summer, pp. 39-58.

Thompson R., 1985, «Conditioning the return-generating process on specific events : a discussion of event study methods», *Journal of Financial and Quantitative Analysis*, vol. 20, n°2, June, pp. 151-168.

Thompson J. E., 1988, «More methods that make little difference in event studies», *Journal of Business Finance and Accounting*, n° 15, Spring, pp. 77-86.

Thompson J. E., 1989, «An alternative control model for event studies», *Journal of Business Finance and Accounting*, n° 16, Autumn, pp. 507-513.

Titman S., 1984, «The effect of capital structure on a firm liquidation decisions», *Journal of Financial Economics*, vol. 13, pp. 137-151.

Trueman B., 1986, «The relationship between the level of capital expenditures and firm value», *Journal of Financial and Quantitative Analysis*, vol. 21, n°2, June, pp. 115-129.

Tuckey J. W., 1958, «Bias and confidence in not-quite large samples», *Annals of Mathematical Statistic Association*, vol. 64, pp. 999-1013.

Wall L. D., 1988, «Callable bonds : a risk-reducing signalling mechanism – a comment», *The Journal of Finance*, vol. 33, n°4, September, pp. 1057-1073.

Weston J. Fred, 1989, «What MM have wrought», *Financial Management*, Summer, pp. 29-38.

Whaley R. E. et J. K. Cheung, 1982, «Anticipation of quarterly earnings announcements : a test of option market efficiency», *Journal of Accounting and Economics*, vol. 4, n°2, pp. 57-83.

Williamson O., 1988, «Corporate finance and corporate governance», *The Journal of Finance*, vol. 43, pp. 567-591.

Zellner A., 1962, «An efficient method of estimating seemingly unrelated regressions and tests for aggregation biais», *Journal of The American Statistical Association*, vol. 57, June, pp. 348- 368.

Imprimé en France
Imprimerie des Presses Universitaires de France
73, avenue Ronsard, 41100 Vendôme
Mars 1994 — N° 39 690